野人

小和尚教你不糾結

李鑫——著

53個放下的練習

每天少一點束縛，活出灑脫積極的人生。

野人家153

小和尚教你不糾結

53個放下的練習

每天少一點束縛，活出灑脫積極的人生。

作　　者　李鑫

總 編 輯　張瑩瑩
主　　編　蔡麗真
責任編輯　鄭淑慧
美術設計　洪素貞 (suzan1009@gmail.com)
封面設計　Hong Da
行銷企畫　林麗紅

社　　長　郭重興
發行人兼出版總監　曾大福
出　　版　野人文化股份有限公司
發　　行　遠足文化事業股份有限公司
地址：231新北市新店區民權路108-2號9樓
電話：（02）2218-1417　傳真：（02）86671065
電子信箱：service@sinobooks.com.tw
網址：www.sinobooks.com.tw
郵撥帳號：19504465遠足文化事業股份有限公司
客服專線：0800-221-029
法律顧問　華洋法律事務所 蘇文生律師
印　　製　成陽印刷股份有限公司
初　　版　2016年6月

歡迎團體訂購，另有優惠，請洽業務部（02）22181417分機1124、1126

國家圖書館出版品預行編目(CIP)資料

小和尚教你不糾結：53個放下的練習，每天少一點束縛，活出灑脫積極的人生/ 李鑫著. -- 初版. -- 新北市 : 野人文化出版 : 遠足文化發行, 2016.06
面； 公分. -- (野人家 ; 153)
ISBN 978-986-384-135-7(平裝)

1.禪宗 2.佛教修持

226.65　　105005361

小和尚教你不糾結

53 個放下的練習，每天少一點束縛，活出灑脫積極的人生

線上讀者回函專用 QR CODE，您的寶貴意見，將是我們進步的最大動力。

前言

人生的困難都是命定的修行，與其抱怨，不如學會把困難釀成人生最甘甜的滋味！

曾經仰望星空多少次，或許只是為了尋找那顆最亮的星辰。只是物換星移，滄海桑田，人世間有太多的變化了，以你我的有生之年去求無限之事總是顯得無知。但無知又怎樣！從來沒有人會責備孩童的純真，因為，他們擁有比整個宇宙還要寬廣的未來。

每一段路上支撐著我們更堅強邁進的唯一目標，便是未來。

誠然，我們各自對未來的定義都不相同。但有一點卻是共通的，那就是願意為了自己的心願努力和付出。所有蹲坐在原地等待著兔子來的人，在蹉跎了歲月的同時，也會被時間染了華髮，白白讓生命從手指縫中間溜走，永遠都抓不住既有的幸福。

可幸福，又是什麼？

沒有必要給所有的名詞都下一個定義。人生路雖然不同，但應為每一段人生都做好起航的準備。無論淒苦還是溫馨，這都是上天早已經註定要經歷的修行。不是去抱怨苦難，而是一點點地學會把苦難釀造成人生最甘甜的滋味。

真正的偉大，在於你是否有勇氣放下過去，以一個稚童的姿態開始一段全新的人生，開始一場有關於釋然的修行。

【目錄】

練習 1

不去擔心未來，只專注當下的路

——腳踏實地的每一步，勝過腦中絢爛的千個夢

人生這趟旅程，並不好走；一如這世間的路，並不易行。

釋然決定下山之前，師父留給他這樣一句禪機。他老人家一如既往地把一片慈祥掛在臉上，不曾因為釋然的離開而有了悲喜的變化。當天晚上，釋然在被窩中輾轉反側。小師弟微微的鼾聲把月光引進了軒窗，卻使釋然的心情更難以用語言去描述。釋然起身披上僧袍來到了房間外，貪睡的貓兒打了個激靈從他腳下溜走。借著月色的微光，釋然隔著廣緣寺並不太高的圍牆向山下望去，茫茫一片樹木的身影似乎也在相互傾訴著什麼。來到廣緣寺的這些年，釋然從來沒有走出過這片大山的包圍。他抬頭望向天上的圓月，心中不禁疑問，山外面的月亮是否也如同廣緣寺上空的銀盤一樣聽得懂人心？

釋然很清楚，這一趟下山路，將是他一次新的人生。至於這個選擇究竟是對還是錯，釋然沒有定論。也許，正像戒緣師叔所說，**未來是什麼樣子我們誰都**

沒有必要知道，此時因後時果，或許，把下山的每一步都走好才最重要。

想到這裡，釋然的心結也稍稍打開了。儘管在他的心中藏著一個不能夠為外人道說的小祕密，儘管這個小祕密甚至是釋然決定此次行程的主要原因之一，儘管他即便能夠走出這片群山的包圍也不一定能夠圓了這場心願，但如果在未來的某一天還能夠重新回到廣緣寺，釋然必然要決定一個影響未來的選擇。現在的他，很清楚自己心中糾結的問題所在，也很清楚最後可能會出現的結果。只是在一切都還沒有呈現出來之前，釋然不願意就這樣簡簡單單地接受命運的安排。他才剛剛十九歲，就像是世界上所有含苞待放的花朵一樣，明明知道在盛夏的六月天會遭受狂風暴雨的抽打，但為了那場肆意的綻放，現在的它們願意拚盡一切的努力去生長。

失敗，也不過只是一場代價，但更是一場成長。

因此，釋然下山時候的腳步才顯得更加堅定。師父曾經說過，**人生這一場，不是為了在某個安靜的角落自生自滅，而是應該如同燃燒的蠟燭一般，雖然總是要因為不斷消耗的歲月而流淚，但卻讓每一滴淚珠都成就了幻化的絢爛。**

釋然一夜未眠。師父房間裡的燭火也一整夜都在搖曳。

師徒兩個誰也沒有走進對方的房間，或許他們彼此都明白對方此刻的心情，但他們卻都選擇以沉默的方式來告別這一段親如父子的情愫。

天濛濛亮的時候，釋然就已經和戒緣師叔啟程了。

沒有人來送行，除了草葉上的露珠醒著，彷彿整個寺院都還在安睡之中，甚至連那隻慣於在寺院打板之前就開始四處活動的貓兒都不見蹤影。戒緣師叔對釋然說，一旦邁出了這道門檻，前面的路可就沒辦法回頭了，如果後悔了，現在一切還來得及。釋然輕輕撫摸著自己雕刻在大門上的一朵蓮花，不覺落下一滴眼淚。那花開得正豔。

「釋然，你還好吧？」戒緣師叔這句話像是在詢問，又像是在安慰。

釋然點點頭，沒有回答。他從身後的布包裡掏出了當年雕刻這朵蓮花的刀，在廣緣寺的大門上又輕輕地落下了幾個字。

待到釋然起身後，戒緣師叔走上前看了看，微微笑了一下，指著太陽升起的地方說：「釋然，下山的路就在眼前。你現在邁開的每一步，都是在走向明天。你現在即將要走的道路，遠比你腦海中所想像的更漫長，且值得期待。」說完之後，戒緣師叔輕輕地在釋然的肩膀上拍了拍，意味深長地長舒一口氣，彷彿只需要這輕輕地一呼吸就足以放下所有的包袱。

釋然又回頭看了看依舊安靜的寺院，也學著戒緣師叔的樣子長長地舒了一口氣。他背起放在地上的布包，朝著太陽升起的地方，臉上露出了從來沒有出現過的期待微笑。

山下小鎮的炊煙點綴了向著太陽行走的兩條背影。恐怕那些習慣早起的人們此刻也不會知曉，有一個小和尚已經果斷地踏上了自己的人生路。此時此刻，他的每一個腳步，都遠勝過曾經在腦海中做過的千千萬萬個絢麗的夢。

其實，廣緣寺的所有的僧眾都提前商議好了，儘管大家對釋然有著千般不捨，但在他離開的時候誰都不會出現，免得因為某個人禁不住感情上的衝動而阻擋了釋然前行的腳步。師父帶著廣緣寺的其他人站在寺院大門口，望著在山路上隱隱出現的一長一短的背影，長歎了一口氣。

「師父，你看。」小師弟指著釋然刻在山門上的一行小字高聲叫道。

眾人忙轉身仔細看去，只見在那朵綻開的蓮花下面，釋然歪歪扭扭地留下了一行小字。「生長于斯，莫忘初心。」

師父輕輕捋著鬍子，嘴角有了一絲沒人察覺到的微笑。

失敗，也不過只是一場代價，但更是一場**成長**。

練習 2

煩惱該怎麼做時，不妨先傾聽自己的心

——心會告訴你「路在哪裡」

這座山，從來沒有如同今天一樣靜謐，即便是幾年前釋然第一次跟著師父上山，他也從來沒有覺得這裡的一花一草都像是會說話一樣滿含情愫。

也許這個時候，只有戒緣師叔一個人才知道釋然的心中到底在想些什麼，但他卻和路邊的樹木一樣，並沒有對釋然講一些安慰的話，以便讓那顆尚且不安的心靈能夠找得到慰藉所在。

當清晨的第一束陽光灑在兩人臉上的時候，戒緣師叔指著前面那些懶洋洋地躺在地上的斑駁樹影，對釋然說：「釋然，你看，這條下山的路。」

釋然抬頭看去，除了只看到自己平常見到的那些樹木和山石外，並沒有其他新鮮可尋。他不知道戒緣師叔讓自己看什麼，不由得轉身又把所有的疑問拋給了師叔。

戒緣師叔笑了笑，示意釋然在旁邊的一塊石頭上坐下來稍稍休息一下。師叔從布袋裡面掏出兩塊乾糧，隨手遞給了釋然一塊，又把自己背著的水壺拿出來放在兩人中間。

「餓不餓？不如先吃一點東西。」

釋然現在哪裡有心情吃飯呢！但他又礙不過師叔的面子，只得接過師叔遞上的乾糧，卻一口都沒有吃。

「釋然啊，你現在心裡在想什麼，我恐怕比你還要清楚。」戒緣師叔說這句話時顯得胸有成竹，他完全沒有理會釋然臉上乍現的驚訝表情。「想當年，我也是如同你一樣走著這樣的下山路。在山上，那是我最熟悉的世界，有我這一生最親近的人；對於山下的世界，我卻完全陌生，又充滿期待。雖然我當時一心決定要到山外面去看看，卻又怎麼能夠輕易放下自己生活了十幾年的寺院呢。」

戒緣師叔說到這裡的時候刻意留意了一下釋然，當發現他一直在認真聽自己講話時，才又繼續把話題講下去。

「釋然，你現在還年輕，這個世界還在等著你去探索。我知道，人們對於未知都有一些恐懼，害怕自己把控不了未來的一切。可是每一天太陽不都是照常升起的嗎？儘管有時候陰天下雨，有時候又會飄飛鵝毛大雪，可你抬眼看看這條下山的路，只要有陽光，它就會竭盡一切力量把這條再平常不過的小路點綴成如同碎花一般的圖案。**人這一生的道路很長，遇到的挫折也會很多，可是我們又怎麼能夠僅僅因此而寧願活在過去之中呢？**在我看來，一個真正強大的人，並非不會遇到難題或不被困難打敗，而是明知此行是一場未知，卻依然願意勇敢前行。」戒緣師叔說這些話的時候，清晨的陽光看似隨意地映照過他的眼簾，卻泛出了這位性情中的師叔眼底的一汪清泉。

「師叔，我想，或許每個人在心底都有一些不願意說出來的故事吧。」釋然稍帶疑慮地問。

他知道，現在正坐在自己身邊的這位戒緣師叔是一位傳奇人物，他也斷斷續續地從師父口中聽過有關於戒緣師叔的傳聞。戒緣師叔在釋然的眼中，一直都是個謎一樣的人物。儘管釋然已經做出了要跟著戒緣師叔下山去闖蕩世界的決定，可他對這位領路人並不是十分瞭解。

戒緣師叔聽到釋然這樣問，早已知道他是話裡有話，但他現在並不想把自己生平的經歷講給這位後來人聽。戒緣師叔喝了一口水，試圖沖咽下卡在喉嚨裡的乾糧。

「釋然，你再看這條鋪在我們面前的下山路。這麼多年來，你來來回回走過無數次了，我相信你每次走過的時候都會是不一樣的心情。正因為你一直在成長，所以每一次的腳印都是自己踏踏實實走過後留下的痕跡。**我們這一趟行程中，我只是在走我的路，你也只是在走你的路，我從來都不是誰的燈塔，而你，也要明白自己心中的嚮往**。我知道，這些話現在說出來好似很難懂，但我希望你能夠知道你想要去的方向。下山的路，一定是通往山下的。可到了山下之後呢？當我們遇到千千萬萬個岔路口的時候，該怎麼選擇就不是我能夠左右的了。」

戒緣師叔說完後，眨巴著眼睛看釋然，好似在詢問他到底應該怎麼做。

釋然把手中最後一塊乾糧就著壺裡面尚溫的水吃下去，他站起來回身瞭望山頂上的廣緣寺。透出隔空的枝杈，隱約還能看見廣緣寺的一角，哪裡彷彿早有炊煙升起。

「師叔，你聽到什麼聲音了嗎？」釋然側著耳朵，彷彿聽到從那看得見卻觸摸不到的黃牆碧瓦內傳來一聲聲的呼喚。

戒緣師叔微微笑了一下，說：「我聽到的是山風的聲音。至於釋然你聽到的

一個眞正強大的人，並非不會遇到難題或被困難打敗，而是明知此行是一場未知，卻依然願意**勇敢前行**。

是什麼樣的聲音，我想，你應該從這裡去尋找。」

說著，戒緣師叔把一隻手放在了釋然的心口處，「這裡，才是你真正要存放靈魂的地方。」

釋然抬起手摸了摸胸口，分明能夠感覺到那一下下的心跳，以及在心中燃起渴望的呼喚。再抬頭時，只見這條下山路一點點正從自己的腳下蔓延開來，一直通向很遠很遠的地方……

練習 3

想想你的堅持，是信念還是執著？

——別因為拘泥於原則，而拒絕他人的真心

「這不是釋然小師父嗎？」路過燒餅店的時候，賣燒餅的李大爺主動打起了招呼。

其實戒緣師叔和釋然特意挑選了這麼早的時辰下山，目的就是要躲避鎮裡面善信們的眼光。倒不是因為害怕誰，而是這些熱情的村民一旦知道這兩位出家人要到外面的世界去遊歷，必定少不了要送很多吃喝的東西，說不準還要淚灑送別。戒緣師叔說，出家人放下的應該是一顆常來常往的心，是要走到哪裡都如同走到歸處。然而今天早晨意外地碰到了李大爺，釋然一時不知道該怎麼回答對方的問話。

「原來是李大爺啊。」戒緣師叔看出了釋然的尷尬，主動上前幫他打圓場說：「我們兩人下山辦點事情。」

戒緣師叔的回答顯然並沒有切中要害，李大爺其實根本就不關心這兩個人這

麼早要去做什麼，他直接走上前去把兩人往自己的燒餅鋪裡面拉。「來來來，兩位師父，我一個粗老頭子不懂什麼，但我活了幾十年只弄明白一個道理，那就是不論什麼樣的要緊事都不如自己的肚皮要緊。天都還沒有大亮呢，我看廣緣寺的炊煙也才剛剛升起，您兩位一定還沒有填飽肚子吧。坐在我老漢的燒餅鋪裡吃兩個燒餅，來一碗熱湯，吃飽喝暖再上路不是比什麼都好？」

李大爺這一番邀請實在讓人難以推辭，但釋然知道，如果此時他們坐在燒餅店裡吃東西的話，不消多長時間小鎮上的居民就全都要起來活動了，到那時再想悄悄地離開這裡就難上加難了。想到這裡，他趕緊推辭說：「李大爺你太熱情了，可我們倆現在真的不能久留，我們確實還有非常要緊的事情去辦。」

「到底有什麼要緊事啊？這麼些年來，也沒有見山上的師父們這樣火急火燎地下過山。」李大爺自言自語地說，像是對釋然的拒絕不是很滿意。

「這個……」釋然苦笑著，不知道如何做答。

「李大爺，我們確實不能在你老人家的店裡坐。」戒緣師叔說，「但我們特意從這裡繞一圈，就是來看看你，順便從你這裡帶一些燒餅路上做乾糧吃。你看行不？」

一聽這話，李大爺臉上頓時樂開了花。「可不是！不管怎麼說，餓肚子終歸不是什麼好事情。來，師父，我給你們找兩個袋子裝燒餅。」一邊說著，李大爺一邊在櫃檯底下尋找能夠裝燒餅的東西。儘管戒緣師叔和釋然再三推辭，但李大爺還是給他們兩人裝了整整兩大袋子的燒餅，看樣子足夠他們吃三四天了。李大爺還追問這些夠不夠吃，如果不夠他就再去找兩個裝燒餅的袋子，並且堅持一分錢都不收。直到看著這兩位出家人背著燒餅袋子消失在街道的拐角處，李大爺才心滿意足地回到店裡繼續做生意。

釋然回頭看了一眼，確定李大爺並沒有在他們身後跟著，這才開口說：「戒緣師叔，我們這樣做合適嗎？」

戒緣師叔卻反問說：「你覺得拒絕合適嗎？」

釋然沒有再說話。他知道，戒緣師叔說的每一句話都有他自己的道理，而自己尚且是一個初出茅廬的小和尚，對人世間的事情還處在懵懂的狀態，這次下山的目的就是要跟著戒緣師叔學習，而師父也曾教導說，真正的學習並不在於多麼正規的教育，身邊人的一言一行才是最值得參考的法寶。儘管釋然並不十分理解戒緣師叔的做法，他也知道戒緣師叔有一個怪脾氣，就是凡事從來不喜歡向人講得太明白。他最常說的一句話是，世間的事情都有個因果，只不過時辰未到，所以世人才不明白其中的奧妙。釋然心想，大概也是因為時辰還沒有到，所以他才不曉得戒緣師叔這麼做的因果所在，當然也就更不懂得其中的奧妙了。

「釋然，我請教你個問題。」戒緣師叔突然說。

這反倒讓釋然嚇一跳，他從來沒有想過有一天戒緣師叔會向自己請教問題。

「你認為剛才李大爺送給我們這麼多燒餅，他是不是真心的，還是送我們兩袋燒餅另有所圖？」

「當然是真心想要送給我們了。李大爺是我們寺院裡的老香客了，每次上山的時候都給菩薩供奉好多新鮮水果，還給我們帶很多燒餅吃，他怎麼會因為兩袋燒餅而另有所圖呢？」

釋然對自己的回答斬釘截鐵。他十分瞭解李大爺的為人，所以根本不須對戒緣師叔提出來的這個問題做任何思考。

「也就是說，李大爺送給我們燒餅是心甘情願的了？」戒緣師叔追問。

「當然！」

戒緣師叔聽到這裡，哈哈大笑起來，說：「釋然，既然李大爺對我們是一片真心，現在擺在我們面前有兩個選擇，一是因為自己的執著而拒絕李大爺的真心，二是我們好意接受李大爺的心意。是要接受還是拒絕，我想你自己心裡應該有一桿秤。那麼現在你再來說說看，我這樣做有沒有道理？」

眞正的學習並不在於多麼正規的教育，**身邊人的一言一行**才是最值得參考的法寶。

「有道理是有道理，可是，師父常教導我們說，出門在外不要隨便拿香客的東西，這是佛祖留下來的戒律。」釋然撓著光光的腦袋，似乎仍有不解。

戒緣師叔聽到這裡，拳起手指在釋然頭上梆梆敲了兩下，看似惱怒地說：**「佛祖也沒有說過出家人就可以不講人情！」**說完這句話，戒緣師叔背起布包大步流星地向著連接小鎮和外面世界的唯一一條山路走去。

釋然在後面吐了吐舌頭，嘿嘿笑了兩聲，也趕緊追了上去。

練習 4

試著別太在意他人

——眼中都是別人，心裡就裝不下自己

出了小鎮不遠，有一條小河橫在兩位出家人面前。說是小河，河水卻足以蓋過一個人的頭頂。夏天時候遇到過一場山洪，年久失修的小橋被沖毀，自此人們過河都要倚靠擺渡的老張。老張有一條祖上留下來的破船，船篷都是漏的。老張一家祖上輩輩是打漁的，靠著這條破船養活了全家，儘管他心中也很清楚地知道這樣一條船也許一點用途都沒有了，但他對這條船的感情實在太深，寧可任憑它腐爛在風雨中，也不忍心毀在自己手上。對老張來說，這不只是一條船，他一輩子的故事都寫在了船上。

誰也沒有想到，再破敗的船隻也會迎來屬於自己的春天。

若不是那場意外的山洪，沒有會記起這個鎮上還有一個老人曾經是行船的好手。當時，為了解決村民的出行問題，師父和釋然兩人一起到老張家進行了一場遊說。依著老張的意思，他再不願意重新操起舊行當。他一遍遍地推辭著，說自

己年老了不適合再和這條比他年齡還要老的船打交道了。任憑村民們磨破了嘴皮，老張也永遠都只是四個字來回答：「另尋他人！」

師父帶著釋然叩響了老張家的大門，門沒上鎖。師父徑直穿過庭院進到老張房中。那個平時勤勞肯幹、待人和藹的老爺爺不見了，床上只躺著一個佝僂的身影，從窗格子中偷偷流進來的陽光分成幾條細白粉末的形狀灑在他身上，彷彿一輩子的光陰就應該這麼慵懶地睡將過去。若是不多眨幾下眼睛使勁看清楚，釋然也許根本意識不到躺在床上唉聲歎氣的人正是平日裡精神比任何老人都矍鑠的張爺爺。

釋然扯了扯師父的衣袖，示意他上前去詢問一下，看樣子張爺爺有一些難以言說的心事。師父點點頭，輕聲咳嗽了一下，開口說：「老張，這才幾天沒見，怎麼像是隔了一個世界一樣？我記憶中的老張可不是你現在這個樣子哦。」

老張聽到是師父的聲音，知道廣緣寺的出家人下山來了。他急忙從床上坐起來，隨手把散落在一邊的衣服披在身上，一邊招呼著師父和釋然兩人落坐，一邊四處張望，像是要尋找什麼。

「老張，不用找了。今天我不是來喝茶的。」師父平時下山的時候都會來老張這裡喝一杯他親手泡下的茶。老張雖然是個粗人，但他泡茶的手藝在鎮上可算是一絕。「老張，這道理難道還需要我講給你聽嗎？**不論是泡茶還是喝茶，其實重要的都是其中的心情。你現在的狀態，恐怕泡什麼茶都是苦的。**」

老張一愣，臉上似笑非笑，像是被師父的話點中了心中的最痛處。

「說說看，你到底在為什麼發愁。」師父開門見山地說。

老張從床上下來，走到茶桌前，燒開了一壺熱水。儘管師父有言在先，老張還是如同往日一樣泡起了茶。「師父，今天你來了，我也就實話實說了。」老張在說這句話時，語言極為生硬，像是要克服莫大的困難。「我不是不願意為村民們擔負起擺渡的任務。只是我這條破船，用來做什麼都不太合適。小的時候，我的爺爺和父親用它打漁養活全家。傳到我手上後，雖然很少用到，但只要我人還在，就一定要把這條船保留到最後。對別人來說這可能只是一條渡船，但對我來說，那可是祖祖輩輩的期望啊！」師父點頭，表示明白老張話裡的意思。

老張繼續說：「現在人們的日子好過了，再也不用像以前那樣靠苦力為生，我的這條老破船也應該退休了。船老了，人也老了，我也就不關心鎮上的大小事。這場山洪沖斷了橋，如果要建新橋，我老張願意拿出自己的棺材本來，可我是真的再不願意拿起船槳了。有些事情，該忘記的，就忘記吧。」

師父依舊只是點頭，他一直笑咪咪地看著老張，像是要說什麼卻又一直不張口。這反倒讓老張有些著急，一味只眼巴巴地等著師父說出接下來的話。其實，只要師父開口，即便他自己再不情願，也會再一次做起船夫的。老張很清楚地知道，師父此次來一定是受了村民的委託，是來勸導自己的。雖然自己剛才倒了那麼多的苦水，可在這個時候也只有他出馬才能解決大家的難題。只是已經有拒絕的言辭在先了，若是沒有人給個臺階下，他自己又怎麼好意思走出家門！

師父盯著老張看了好一會兒，突然說：「你的茶杯溢了。」

老張低頭一看，這才發現原來自己只顧著聽師父接下來的問話，竟然忘記正在給茶杯倒水。誰知一走神，茶杯早就溢了。

「老張啊，茶杯能盛下的水是固定的，人心不也是一樣嗎？」師父語重心長地說，「你的眼中都是別人了，怎麼還裝得下自己。我想我沒有必要給你出難題，你更不用給我任何答案，你應該比任何一個人都清楚現在應該怎麼做。」師父說完，茶也沒喝起身離開了。

出了老張家門，圍在外面的村民們紛紛詢問師父最後商談的結果，師父只說

茶杯能盛下的水是固定的，人心也一樣。你的眼中都是別人了，**怎麼還裝得下自己。**

一切待第二天早晨時自有分曉，然後逕自帶著釋然回到了山上。

後來，釋然聽其他香客說，第二天天剛濛濛亮時老張和他那條經過修補的老船就已經出現在斷橋的地方了。他辛辛苦苦地擺了一天渡，卻沒有收任何人一分錢。釋然聽到後急忙去把這個結果告訴師父，師父站在山頂上面向小河的方向微微笑著，像是早已經預料到了這般結果。

「釋然，你看。」師父抬手指著太陽初升的地方。「其實，不管是晴天還是雨天，太陽都會照常升起。有時候我們看不見，只不過是被烏雲蒙蔽了雙眼。孰不知，開門，見山，一切未變，只有人心不定。**人啊，往往拿不起的是自己，放不下的也是自己。看破看不破都是一生，何必呢！**」

釋然抓耳撓腮思來想去，也沒有想明白師父話中的意思。「這個，師父，我……」

「不知道？也是極好！」師父說這句話的時候，釋然當真不清楚自己究竟是受到了表揚，還是被師父給罵了一頓。趁師父不注意，他偷偷做了一個鬼臉，逃回了寺院中。

當太陽跳脫出群山的懷抱時，恍惚間，小河上傳來一陣歌聲，伴隨著第一縷霞光跳脫了雲朵的遮掩。

練習 5

別只顧著把眼光放在將來

——你想要怎樣的未來，現在就要怎麼過

張大爺答應做臨時擺渡人這一消息瞬間在小鎮炸開了鍋。就像是之前紛紛不解張大爺為什麼要拒絕這一請求一樣，現在人們更加不解的是他為什麼轉眼之間又答應了下來。有人說張大爺是想要借此機會多收一些坐船費，有人搖頭表示張大爺根本就不是工於算計的人。一時間人們交頭接耳，都在猜測這件事情背後的真正動機。

緊接著又傳出來的一則消息，讓本來已經不明就裡的人們更墜入了五里霧。張大爺託付釋然跟鎮上的村民說，他此次答應擺渡的條件只有一個，任何人在任何時候坐他的船都是免費的，他會一直堅持到新橋修好能通行之後才休息。這樣一來，儘管仍有人在竊竊私語著，但更多人開始把敬佩的目光投到釋然身上，彷彿答應下這樣一件利他事情的人正是這位剛剛經受過成人禮的出家師父。

第二天一大早，張大爺駕著修補一新的小船準時出現在河邊柳樹下。一直到

太陽落到西山後，借著朦朧的月光，張大爺慢悠悠地從船上下來，背靠著柳樹抽了一袋旱煙，然後才哼著小曲悠哉悠哉地回家去了。

修橋的工程斷斷續續地持續了好幾個月，一直到現在也還沒有完工。張大爺從來沒有因為工期的問題而對自己無償的工作有任何怨言，彷彿他本來就是這條小河上的一名船家，任憑風雨，也擋不住那一葉梭舟的航向。

但釋然和師叔下山的今天，眼看著天都已經漸漸亮了，張大爺的身影還沒出現。釋然不覺地掐著柳樹新長出來的葉子，一邊時不時向著村口的方向張望。

「釋然，肚子餓不餓，坐下來吃個燒餅？」戒緣師叔拿著李大爺剛剛送的燒餅遞給釋然，滿臉帶笑。

「我不吃，吃不下。」釋然滿臉愁容。

「為什麼？」戒緣師叔似乎不理解釋然到底在等待什麼。

釋然乾脆一屁股坐在那棵老柳樹橛出地面的樹根上，腳下全都是他從柳樹上撕扯下來的嫩葉，他說話的時候還在不斷張望著村口。「張大爺今天是怎麼回事？師叔你看看，天都已經大亮了，張大爺還不來渡口擺渡，這不是要耽誤大家的行程嗎！」

戒緣師叔非常奇怪地往四周望了望，甚至還起身圍著柳樹轉了幾圈，最後詫異地問釋然：「釋然，你還帶其他人來了？怎麼我沒有看到呢？」

「其他人？」釋然完全聽不懂戒緣師叔在說什麼，「哪裡有其他人，這裡明明就我們兩個啊。」

「哦，原來如此，簡直嚇我一跳。」戒緣師叔重新坐下來，依舊大口地吃著燒餅，彷彿什麼事情也沒有發生過。待他再一次給釋然遞燒餅並且又一次被拒絕後，戒緣師叔終於忍不住心裡的好奇，開口問道：「釋然，看你慌慌張張的樣子，難道你著急趕路？」

釋然點點頭，不禁又嗔怨道：「張大爺也太不守時了吧，大家都等著過河呢，可他人卻遲遲不來。」

聽到釋然如此說，戒緣師叔慢慢地把嘴裡的燒餅咽下去，用油紙再把剩下的燒餅包好放起來，最後才滿是疑慮地問：「釋然，你這麼著急，是要去哪裡？」

「下山啊，跟著師叔你去闖蕩世界啊！」釋然對這樣的答案毫不懷疑。

「那你的世界又在哪裡？難道山下才算是世界。」戒緣師叔不緊不慢地說：

「你從早起到現在，連一口水都沒有喝，只是一心想著自己的世界。難不成在你的世界裡面人們都不會吃喝拉撒睡的嗎？你只說到山下去闖蕩世界，可是你是否想過，從你邁出廣緣寺山門口的那一刻開始，整個世界就已經鋪在你面前了。**你走的每一步路都是闖蕩，你因緣而起的每一次心性，都是一次修行。**」

「修行？」釋然小聲地重複了一句戒緣師叔的話，彷彿從中領悟到了什麼，又害怕錯失了什麼。

「對！你要走的修行路，可能傾盡這一生也走不到盡頭。可是修行又在哪裡呢？在我看來，**修行不在未來，也不在別處，而在你每時每刻不大不小的念想中**。你起念了，是修行；你寂滅了，也是修行。就像是現在，張大爺來了，我們就安心踏上行程；張大爺不來，你的人生路會因此而停下腳步嗎？」

「這個……」釋然摸了摸自己的腦袋，一時有些語塞。

「是不是在想用什麼詞來和我辯解？」戒緣師叔笑著問，「那你慢慢想著哦，我可是要上張大爺的船了。」

話還沒有說完，釋然就遠遠看到張大爺走向他身邊了。他連忙起身向張大爺問好。剛才師叔提出來的問題他還來不及繼續去思考，就匆匆忙忙跟著戒緣師叔上了張大爺的船，開始真正走向他心中以為的那個世界。

練習6

停止過度在意「人生的意義何在？」

——在意人生的意義，將讓你裹足不前

「張大爺，我們……」釋然張了張口，強行把到嘴邊的話又咽了回去。

張大爺只是眯著眼睛笑，並沒有多說話。他花白的鬍子被晨風吹了起來，身上的衣服越加顯得單薄。釋然看著有點心疼。在他來到這個小鎮的這些年月裡，每一次經過張大爺家門口，都能看到他和家裡的那隻老狗一起坐在院子裡曬太陽。陽光對山民來說很珍貴，能騰出大把時間曬太陽的人更是讓人羨煞。曾經多少次，釋然想要抱著貓咪在山頂曬太陽的時候，不是被山風攆回到屋子裡去，就是師父總有處理不完的事情讓他幫忙。釋然一直想要擁有那一片獨屬於自己的時光，或許陽光只是點綴，他需要的是心靈上的一段空閒。

但在釋然的印象中，從來沒有見過張大爺今天這般模樣。縱然看起來和平時別無二致，但只有釋然自己知道為什麼會有心酸的感覺。或許，從此之後再也看不到張大爺和他的那隻老狗了，雖然牠總是沖著釋然汪汪叫。

其實，正如同戒緣師叔所說，釋然不是捨不得村子裡的這些人，他真正放不下的還是自己，是自己在這座小鎮的成長和回憶。正因為每一個前來送行的人都是釋然記憶的見證，所以這一次行程，幾乎成了訣別。

「師父們，我老漢啊，今天再給你們擺渡一次。以後不管你們走到哪裡，只要記得還有我這個擺渡的老漢，就要記得常回來看看。」張大爺故意用很輕鬆的口氣說著話，但他的眼睛卻一直沒有看戒緣師叔和釋然兩個人。

戒緣師叔打了一聲佛語，說：「張大爺，你老只要照顧好自己的身體，我們兩個也就放心了。」

「我都這樣一把老骨頭了，丟在哪裡都一樣。我就是還念叨著我家的那條老狗啊！」說到這裡，張大爺的聲音似乎有些哽咽。

釋然知道，張大爺這一生孤苦，膝下無兒無女，惟獨一條老狗陪著他走過了多少春秋。每一次釋然看到的是張大爺悠閒的生活，但世間之事如人飲水，冷暖只有自己知曉。他從來都不曾問過張大爺在陽光下眯縫起雙眼的時候在想些什麼，那長長的白鬍子背後一定裝滿了故事，但釋然沒有勇氣去追問，只能夠任憑著自己的胡亂猜測去斷定他人的心緒。

「人有人的命，老狗有老狗的命，你我，也都有自己的人生路，是不是這個道理？」戒緣師叔反問了張大爺一句。

張大爺只是一聲歎息，並沒有多做回答。他拿起船槳，輕微搖了兩下，找到合適的用力位置後，才請兩位師父上船。早晨的溪流似乎也故意放慢了速度，那潺潺的流水聲像極了從來都沒有聽過的音樂，叮叮咚咚一直延伸到無窮無盡的天際處。

「如果能在此長眠，吾生足矣。」戒緣師叔悵然歎息了一聲。

張大爺苦笑了一下，轉過身問：「那為何又要離開？」

戒緣師叔沒有回答，他面對著朝陽初升的方向，靜靜地看著那魚肚白逐漸變成漫天緋紅，天色雖開始大亮，但依舊羞紅著臉的太陽在河流中滿滿地鋪下了一層嬌美的紅色，像是初生的嬰兒一般，顯得如此迷人。

「釋然，你願意說出你離開的原因嗎？」戒緣師叔把問題拋給了釋然。

釋然知道，自己是絕對不能把內心深處的原因說出來的，甚至那根本就不是一個正當且值得離開的理由。尤其是現在心中又升起了一絲不捨，他已經無法確定自己是不是應該選擇離開，選擇為了那個不曾說出來的理由而去進行這樣一場不知名的冒險。

「釋然，我來問你。你看咱們船底下的這條溪流，它是從哪裡來的？」戒緣師叔說。

「這個……」釋然支吾了。他從來就沒有想過這條河流究竟從哪裡流過來。儘管每天都可以站在山頂上看著這條玉帶蜿蜒而過，但沒有人可以看得到它的來處，彷彿千百年來它本就應該在這裡一樣。

「那它又想要流向哪裡？」戒緣師叔轉向了正在擺渡的張大爺。

張大爺愣了一下，停下了手中的槳，任由小船憑著慣性在水中滑行。他望向溪流遠去的方向，神情若有所失。

其實戒緣師叔早就知道會有這樣的結果，沒有人想過去探究這條河流從哪裡來又要到哪裡去，人們每日從河上來來去去，張大爺也每日做著他的擺渡生意，來來去去。河流從來不管有什麼人從自己身上踏過，它只顧著流逝，日日夜夜不曾捨，就像是那樹上的葉子一年一年黃了又綠，就像是我們日常生活一夜一日睏了又醒，就像是張大爺手中握著的雙槳一前一後划了再划，可有誰去考慮過人世間這麼些事情到底存在著怎樣的意義？

「張大爺。」戒緣師叔語重心長地說：「你參悟了一輩子，難道還參不透這一份機緣？**一切都只不過是存在，一切都只不過是來過，一切都只不過是過往，一切卻又都是你我，又都是時間雕刻下的最美歲月**。逝者如斯，而你我呢？」

「你？我！」張大爺哆嗦著嘴唇重複了一遍。良久，他手中的雙槳又開始慢慢划動起來，越來越有力，激得浪花濺到了釋然茫然不所知的臉上。

很多年後，釋然曾聽小師弟說起，這一天的清晨他們在山上寺裡聽到了張大爺的號子聲，那曾是消失許多年的節奏，人們幾乎已經忘記了號子裡的激情。直到這一天的太陽升起時，他們才找到了被埋藏了許多年的記憶。小師弟說，他偷偷看到師父眼中滾落下一滴眼淚，掉落在菩薩面前的香桌上，折射出許多霞光。

這條溪流，它是從哪裡來的？那它又想要流向哪裡？
逝者如斯，而**你我**又如何呢？

練習 7

擔心結果時，告訴自己「先做就是！」

——煩惱無法讓你成長，只有實踐才能！

送走張大爺後，釋然這才真正確信自己走上了一條不歸路。

從寺裡出來，他最珍重的師父並沒有與他金玉良言相送；從小鎮上經過，他甚至都沒有機會去見一見那些最親切的人們。對這一場祕密出行，釋然心中有著無限的勇氣和嚮往，但同時伴隨而來的，還有擔憂。他自小在寺裡長大，山下的小鎮是他最大的天地，外面的世界一直都被群山阻在了視線之外，他曾無數次想像著外面世界的美好，但真正要去走這一步的時候，釋然卻有了許多膽怯。

「戒緣師叔，你說，我們還會回來嗎？」釋然想起了張大爺剛才說的那句話，這同時也是他自己內心深處最真實的擔憂。

「你還想回來嗎？」戒緣師叔反問了一句。

「這個……」釋然自己也沒有答案。直到現在，他才意識到自己做出這個決定究竟是有多麼匆忙，甚至還有些不負責任。他突然想到了死亡這個詞，那曾經是一種讓他絕不願意再回想起來的經歷。這麼多年來，釋然一次次試圖忘記自己流落街頭時的模樣，他不斷欺騙自己現在的幸福是有多麼珍貴。確實，相較於其他師兄弟來說，釋然的幸福來得太不容易了，以至於他根本就不知道應該怎麼去珍惜。但他永遠都忘不了的過去是一塊太大的陰影，不把這塊心病除去，他永遠都找不到屬於自己的快樂。尤其是當他看到師父那母親一般慈祥的目光時，釋然知道，自己心中的渴望被點燃了。

戒緣師叔從來沒有追問過釋然的過往，但這並不能代表戒緣師叔不瞭解釋然。他看著這個一臉茫然的後生，本想開口勸導幾句，卻最終沒有說出口。他們腳下的青草已經開始奮力生長了，連拂面的春風都是暖的，大自然間的任何一個生靈都不願意錯過這大好的春日。而匆匆趕路的，卻只有這兩位出家修行人。

「釋然，講講你以後的夢想吧。」戒緣師叔旁敲側擊地問。

夢想，對住在寺裡清淨身心的釋然來說，曾經是多麼遙不可及的辭彙。他一度強迫自己忘記夢想，只去關注自己正在生活著的每一個當下。但年輕人終歸是年輕人，他哪裡禁得住心中對欲望的探究？越是緊閉，反而越想要衝破。可一旦衝破之後呢？生活留給釋然的路，很長，也很難。

釋然支支吾吾了一小會兒，最終沒有說出一個明確的答案。他早已經習慣了一日三餐的簡單生活，每一天都有固定的事情要做，從來都不需要主動去考慮下一秒後的未來。而現在，一切都成了變數。

戒緣師叔對釋然此時的迷茫和擔憂瞭若指掌，畢竟，他在外雲遊這麼多年，當初也是從如同釋然這般初出茅廬的小沙彌成長起來的。看著現在的釋然，戒緣師叔就像是看到了以前的自己，他滿心都是關愛，卻也包含了少許恨鐵不成鋼的遺憾。「釋然，不管這條山路通向何方，我想你從來都不用去想。不論他有多遠，也不論你能想出多少種不同的答案，現在唯一需要你去做的，就是抬起雙腳走下去。**路，是用腳步來丈量的，不是用思想**。你懂我的意思嗎？」戒緣師叔問釋然。

以釋然現在的年齡去理解這樣的哲思，並不困難。**真正的問題不是理解，而是踐行**。釋然點點頭，表示自己知道該怎麼做。

「所以，其實你完全可以放心告訴我你如今在擔憂什麼？要知道，再好的旅行者，也需要一個優秀的嚮導。」戒緣師叔停下了腳步，他知道，如果不把釋然心中的疑慮解決掉，接下來的路途對彼此都將是極大的考驗。

「師叔，我……」釋然欲言又止，「我害怕從此以後再也回不來了，回不到這個小鎮，回不到我們的寺裡，再也看不到師父和眾位師兄弟。」說到這裡時，釋然眼中已經含著淚珠了。戒緣師叔明白，未卜的前程對這個未經世事的孩子造成了多麼大的心理壓力。

他現在任何的勸解，都會變成無意義的聒噪。真正能夠讓釋然從這一困境中走出來的，正是他所一直害怕去面對的未來。**只有經歷後，才會存在戰勝的可能**。「釋然，就像是我剛才說的，你不走，就永遠不知道這條路有多長，不知道自己到底能走多遠，也更不會知道自己是否有力氣再走回來。何必要為一些想像不到的未來去擔心？外出雲遊和在寺中修行是一樣的道理，**只關注你當下要做的，是執著；去關注尚未曾出現的種種問題，就是欲望**。如此，你這麼多年在寺中學到的靜心功夫又被用到哪裡去了呢？」

面對戒緣師叔的詰問，釋然頓時啞口無言。其實這些道理他都明白，只是一時性情上來，自己都有些難以控制。他只是需要有一個人去安慰一下心中的不安，就像是孩子對父母撒嬌一樣，一塊糖可以讓他高興許久，一個希望可以支撐他走完以後所有的路。

「釋然，你看前面的路，春光正好。」戒緣師叔指著大路的方向，對釋然說，「正如同現在的你！」

「現在的我？現在的我！」釋然抬頭看去，只見一路陽光，正鋪陳開去。

練習 8

不懊惱自己的選擇

——選擇是「好」是「壞」，端看你的定義！

既然已經決定，就應該選擇勇敢前行。雖然戒緣師叔並沒有給釋然過多的指引，但釋然已然開始學著去放下心中的癥結。雖然已經過了成人禮，但釋然畢竟還是個孩子，悲傷總不會長久地在心中佔據。哪怕只是一縷明媚的陽光，也足以讓他在黑暗中找到歡笑的理由。

「師叔啊，你說我怎麼就從來沒有發現山下的花朵開得這麼好看！」釋然蹲在一朵野花前面使勁嗅了嗅鼻子，仰起頭問身後的戒緣師叔。

戒緣師叔沒有好氣地回答說：「那是你從來都沒有下過山。以後的路還長著呢，你將要見到的風景也多著呢，哪一樁不勝過眼前這朵不起眼的小黃花！」

釋然顧不得這許多，對他來說，現在的好心情最難得了。以後會遇到什麼事情反正他現在也想像不到，那就索性不去想，聞一聞花香，曬一曬陽光，雖然路上辛苦一點，最重要的是心裡快樂。現在的釋然就像是一隻剛剛從籠子裡放出來的小鳥一樣，對身邊的一切都感到無比新奇。他一心只想著盡可能多去感受身邊存在的一切，哪怕是自己曾經司空見慣的風景，現在也都充滿了新的意義。

戒緣師叔也不去搭理釋然的興奮之情，他自顧自地走路，不時提醒一下釋然要注意安全，山路不好走，隨時都有可能出現斷崖或者碎石。看到釋然並不太把自己的提醒放在心上，他乾脆就不再去操心，自顧自地掏出乾糧邊走邊吃，填飽了肚子才會更有力氣趕路。戒緣師叔多年的雲遊生涯累積下來的豐沛經驗告訴他，眼前的這個小沙彌只不過是被幸運之手攙扶了一把，等待他的雖然有太多苦難，同時伴隨而來的，更有無邊的驚喜。但願命運一直眷顧這個不經世事的孩子，給他一個值得期待的未來。戒緣師叔此時心中閃過的這些念想，是他對釋然最真誠的祝願。

「師叔師叔，你看！」釋然指著半山腰突出的一塊巨石，驚訝地叫了起來。

戒緣師叔順著釋然手指的方向望去，只見在那懸崖峭壁上孤零零地長出了一支花苞，迎著料峭春寒，只待陽光拂過的時候綻放出五彩。

「師叔，你說它是怎樣長到這麼危險的地方去的？」釋然撓了撓腦袋問。

「這樣的可能性太多了。」戒緣師叔回答說，「也許是其他地方鮮花的種子被某種鳥兒不經意間帶到了這裡，也許是山上的花籽被風吹落，也許……」戒緣師叔絞盡腦汁想要給出無數種可能的答案。他瞟了一眼釋然，想要看看他是不是正崇拜著自己的博學，卻發現釋然只一心觀望著那朵花，發呆到幾近癡迷。

「釋然？」戒緣師叔試探性地叫了一聲。

釋然緩緩轉過身來，彷彿剛從一場奇幻旅程中驚醒。「師叔，你說它孤單嗎？」釋然莫名其妙地問了一句。

「孤單？」戒緣師叔一下子被問住了，他從來沒有去想過這個既熟悉又陌生的辭彙背後的意義，他更想不到一朵花竟然也會有孤單的時候。行走江湖數十年，戒緣師叔身邊的人們來了又去，他見證了太多的分分合合，也早就把孤單的解釋忘記在身後了。在戒緣師叔的記憶中，他從來都是自己一個人闖天下，是不是曾經孤單過，他從來都不會主動去思考這樣毫無意義的問題。或者，只是不願意去面對某一種結果。

釋然癡癡地笑了兩聲，自言自語說：「我想它大概不孤單吧，能在這塊懸崖上看風景，一定是它自己的選擇，鳥兒或者風兒可以把它帶到任何地方，而它又為什麼偏偏選擇在這裡停留呢？」

釋然說完，手腳並用地試圖往這塊巨石上面爬，戒緣師叔馬上阻止了他這一莽撞的行為。「你這孩子，你看不到腳下有多危險嗎？你要去做什麼？」

這一句責備，讓釋然稍稍恢復了一些理智。他轉過身，收起了剛才的癡狂，面色凝重地對戒緣師叔說：「我只是想……想走近一點去看看。我想，也許我就是那朵花。」

戒緣師叔完全被釋然給說懵了，他狐疑地摸了摸釋然的額頭，並不發燙，可為什麼這個孩子從下了張大爺的船後就一直呈現出一種不同的狀態呢？

釋然像是在對自己說，又像是在解答戒緣師叔的疑慮，他說：「我知道，長在孤零零的懸崖上一定很艱難，想要說話的時候都沒有人陪。但它肯定也是快樂的，因為沒有其他花朵能看到它看到的風景。**有些路，如果不去走，就一定不會知道那裡的風景到底有多麼美好**。是不是，師叔？」

戒緣師叔被這個小毛孩兒說出來的大道理震驚了，他一直把釋然當成是不通世事的孩子，卻不曾想到他竟然也能悟到這麼深奧的哲理，不禁在心中暗暗豎起了大拇指。「但也有可能是很壞的風景。」戒緣師叔故意說。

釋然嘴角露出一絲微笑，像是根本就沒把戒緣師叔的話放在心上。「**很好或者很壞，都是自己的選擇，都是命運！**」說完，釋然撿起地上的包袱，沒等戒緣師叔回話，就邁開大步向著前路走去。那朵小花依然在等待著春風拂面，好給自己一場最燦爛的綻放。

練習 9

不以「對錯」批判他人
——善惡無別，分別只在人心

雖然是初春的季節，可一到正午的時候也是熱得讓人難受。早晨從山上下來還要裹著夾衣，現在卻恨不得連單衣都要褪去。釋然抬頭看看並不毒辣的太陽，在臉上抹了一把微微滲出來的汗珠，不覺有些肚餓。雖然戒緣師叔把燒餅和水遞到了釋然眼前，釋然卻難以下嚥。一想到現在寺裡的師兄弟們早已經用過了午飯，饑餓的感覺也就越發強烈。他們吃的一定是大白饅頭和小米粥，雖然平時不覺得醃的鹹菜有多麼好吃，但現在想起來卻回味無窮。「師叔，我想吃其他的。」釋然眼巴巴地望著戒緣師叔，期待著他能給自己一個欣喜的答案。

「其他的？這裡怎麼會有其他的。」戒緣師叔一句話就把釋然從幻想拉回到現實中了，「我知道你想吃饅頭，可即便是我們早晨從寺裡帶了饅頭出來，到現在也早已經變成涼的了。再過兩天，饅頭就要變得和石頭一樣硬，我看你怎麼咬得動。」

出來行腳，本就是一件苦差事，釋然是已經做好心理準備的。其實他只是想向戒緣師叔撒個嬌，尋求一下心理上的安慰，卻沒有想到戒緣師叔冷冷地把他從一片幻想拉回到現實中，摔得生疼。「一點都不知道體諒人！」釋然自己嘀咕了一句。

突然，戒緣師叔停下腳步，他指著不遠處的一叢花草，對釋然說：「釋然，你看，那是什麼東西。」釋然抬眼望去，隱隱約約見有一個竹籃掩映在一片春綠中。竹籃上蓋著一塊藍碎花布，花布被籃子裡的東西頂了起來。看樣子這籃子中一定盛放了不少東西。釋然不自覺地提鼻子使勁嗅了一下，驚訝地叫了起來。「師叔師叔，我聞到饅頭的味道了。」

「這荒郊野外，哪裡來的饅頭。」戒緣師叔沒好氣地回答說，「快去看看這個竹籃是哪位留在這裡的，說不定失主正著急尋找呢。」

釋然眨了一下眼睛，突然想到了一個很神奇的問題。還沒有等戒緣師叔把話說完，釋然早就幾個箭步沖到了竹籃前，他伸出去揭開藍花布的雙手早已經顫抖起來，口中還在不斷誦念著佛號。待到看清了籃子裡到底裝的什麼東西，釋然滿臉綻開了不可思議的笑容。「師叔，快過來，你看，真的是饅頭，大大的饅頭。」釋然手中舉著從籃子裡抓起來的饅頭衝還在不遠處發呆的戒緣師叔大喊。

還沒有等戒緣師叔回應，餓得忘記了整個世界的釋然早已經把饅頭塞到了自己嘴裡。他一邊叫著好吃，一邊還在招呼戒緣師叔也一起過來吃饅頭，誰知戒緣師叔卻把他給訓了一頓。「釋然，放下你手中的饅頭！」戒緣師叔滿臉慍怒，「你知道這個竹籃子是誰的嗎？你知道這些饅頭是要做什麼用的嗎？古人說過，不告而取，就是偷。你見到這些饅頭的主人了嗎？你現在吃這些饅頭就等於是在偷。你把出家人的戒律放在什麼地方了？」

面對戒緣師叔連珠炮般的質問，釋然瞬間詞窮了。雖然他也知道戒緣師叔說得句句在理，但又低下頭看看自己手中的饅頭，依舊不捨得放下。「可是師叔，這四周也沒有人啊，肯定是佛祖顯靈……」

「少把佛祖放在面前來替你擋罪責！」戒緣師叔絲毫不給釋然留情面，「你現在放下，真心悔過，就是善；若是再繼續找藉口，就是大惡。」

釋然留戀地看了一眼已經被自己咬了一口的饅頭，無奈地放回到了籃子中。

看到釋然真的按照自己的想法去做了，戒緣師叔的怒氣才稍稍平緩一些。「釋然，我們出家人有出家人的生活規則，雖然我們包中的燒餅沒有饅頭好吃，但那是我們自己的東西。在我們自己還能夠豐衣足食的時候，你卻趁人不在去拿其他人的東西，難道你過意得去？我們不論做什麼事情，不能圖一時口腹之欲，最後反而造成了心理上的負擔。再假設，這些饅頭如果真的是某位施主暫時放在這裡的，他究竟是作何種用途你我都不知道，萬一因為你吃了這一個而耽誤了人家的大事，我們的罪過豈不是更加重了？」

聽到戒緣師叔在情在理的話，釋然也開始為自己剛才的莽撞行為懊悔。他責備自己不該一時間被饑餓沖昏了腦袋，他滿臉歉意地說：「師叔，我知道錯了。那我們就一起坐在路邊等施主來拿饅頭吧，我會當面向他道歉的。」

戒緣師叔點點頭，為釋然豎起了大拇指。當他再一次從背包中掏出燒餅，釋然雖然皺了一下眉頭，但還是大口大口地吃了起來。

正在這兩人埋頭吃東西的時候，突然從背後草叢深處走出來一個中年人。他剛看到兩個出家人坐在竹籃旁邊時，先是一愣，但很快就反應過來發生了什麼事情。中年人走上前，給二位行了禮，說：「兩位師父，何必非要坐在這邊吃乾糧呢，我這籃子裡有現成的饅頭，你們可以拿著吃的。」

釋然此時正在竭力控制著自己對饅頭的渴望，依舊按照剛才的誓言向這位施

善惡其實沒有分別，真正的分別在**我們自己心裡**。

主道歉，並簡單地把剛才發生的事情講述了一遍，誰知這位中年人並不介意，他主動從籃子中拿出兩個白麵饅頭放到戒緣師叔和釋然的手中，說：「二位師父，人餓了就要吃東西，這與任何戒律都沒有關係。在我看來，你們剛才做的事情不善不惡。我是個山野村夫，不懂得大道理，但我知道**善惡其實沒有分別，真正的分別在我們自己心裡面。你善看，就是善；你惡看，就是惡。**況且，我供養兩位師父饅頭吃，也是彼此的緣分，何必非要那麼計較。你們說是不是？」

釋然剛要起身感謝這個中年人，戒緣師叔卻搶先高聲打了一句佛號後，他手中的饅頭已經有半個被送進了口中。

練習 10

不要求完美的「真命天子／天女」

——「默契」來自彼此的磨合與付出

「兩位師父，你們這是從哪裡來，又要到哪裡去呢？」中年人問。

戒緣師叔接過話茬，說：「施主，您慈悲，我們倆剛從山上廣緣寺下來，我打算帶著這個小孩兒到外面走一走。俗話說，讀萬卷書不如行萬里路，長點見識也好。」戒緣師叔說這話的時候，伸手在釋然光光的腦袋上摸了摸。釋然倔強地搖了搖頭，似乎在極力否認自己已經不是小孩子了。戒緣師叔轉頭看向釋然的時候，才恍然間發現，他印象中那個只懂得對自己撒嬌的孩子早已經長得和自己差不多高了，不禁在心中暗自感歎時間的流逝。

「哦，是這樣的啊！」中年人說，「兩位師父，我姓李，在前面不遠的村子裡做木工活，也是靠著祖傳的手藝掙錢養家糊口。你們叫我李木工就可以了。兩位師父如果不著急趕路，不妨到我家去坐一坐。家有老母長期吃齋念佛，必定也很希望二位出家師父能夠到寒舍休息一晚。」李木工說著話，主動要替戒緣師叔背包袱。

戒緣師叔猶豫了一下，在考慮這樣做是不是合適，不成想釋然卻搶先一口答應了下來。戒緣師叔狠狠地瞪了他一眼，知道這小子肯定又是嘴饞人家家裡的飯菜了。但話已出口，他也不好意思再拒絕，只得隨緣到李木工家裡去走一趟，也給從來沒有出過遠門的釋然一個緩衝的時間。畢竟，一下子就讓他從豐衣足食的寺院生活進入到風餐露宿的雲遊生涯，恐怕也是很難。剛想到這裡，戒緣師叔不禁在心中給自己打了一個問號，又開始責怪起自己心軟，不應該對釋然太過於嬌慣，否則對他的將來也是禍害。

正在思考間，李木工所在的村子已經在眼前了。李木工在前面帶路，兩位出家人經過七拐八拐的小巷，之後便進入了一家門面並不太大的院落。這個家雖然並非豪門闊宅，卻看得出也足夠殷實。院子裡擺放著幾件李木工剛剛做好的傢俱，戒緣師叔走上前去仔細瞧了瞧，不禁點頭稱讚。

李木工早就等不及了，他一手拉著正在欣賞自己木工活的戒緣師叔，一手掀開門簾喊道：「娘啊，快出來看看，我給你請來兩位師父。」

只聽屋子裡傳出來一個略顯蒼老的聲音：「到底是誰啊？哪裡有師父來？」

話音未落，一位頭髮花白的老太太從屋子中走了出來。看年歲，這位老人將近七十了，卻並無半分遲暮的景色。老人家滿面紅光，略顯富態，兩眼有神，手裡拿著念珠，抬頭看果真是兩位出家師父，忙雙手合十開口說：「啊，真不知今日竟然有兩位師父遠道而來，大概是菩薩感應，快快進屋坐。」說著話，就命李木工把二人請到屋子裡，並泡茶款待。又得知二人是要外出雲遊，且已經過了正午時分兩位師父還沒有用過午飯，老太太不由分說就親自下廚操持了起來。

雖然戒緣師叔口口聲聲說不必要老人家這麼麻煩，但聞到老太太炒菜的香味後，他也忍不住大大地咽了一口口水。趁著這個時間，戒緣師叔和李木工簡單地聊了幾句。在得知李木工至今尚未婚配，而老人家又急等著抱孫子這一情況後，戒緣師叔也皺了皺眉表示這是一件應該抓緊時間去辦的事情。畢竟，對世人來說，生兒育女是人生至關重要的大事，這一件事情不做完，恐怕老太太也不會安享晚年。李木工說，他母親每日都在菩薩面前祝禱，希望他能有一個好姻緣，無奈自己前前後後也相過幾次親，最後都是不了了之。按常理說，自己家道也算不錯，又有手藝在身，人也厚道，怎麼就會討不到媳婦呢？

看著李木工逐漸耷拉下來的眉頭，戒緣師叔心中也是一沉。雖然並沒有口頭明說，但他早已經在心中開始打算，如果有機緣，一定要幫李木工完成這一樁人生大事，才足以回報今天的一餐之恩。

說話間，老太太的飯菜也端到了桌子上。她一邊勸著兩位師父不要客氣放心吃，一邊又不斷給釋然碗裡夾菜。釋然倒也真不客氣，這一頓吃得比什麼時候都香。老人家看著釋然生龍活虎吃飯的樣子，不覺臉上也浮現出了笑容。

飯畢，戒緣師叔對老太太說：「老人家，我剛才和你兒子聊天，得知你家孩兒尚未婚配，不知是何緣故？」

聽到這一問，老太太長歎了一聲，良久，才回答說：「說來話長。孩子他爹走得早，這孩子是我一把屎一把尿拉扯大的。他爹走之前，我把所有的家產都變賣了給他看病，到最後也沒有治好，走的時候連棺材本都沒有。不知不覺已經十多年了，都是我這孩子靠著木工手藝一點一點地把欠下的債還清。孩子怕進門的媳婦對我這個老太婆不孝順，因此也是挑來挑去，不是我們配不上人家就是他覺得對方有不足的地方，於是耽誤來耽誤去，就到了這個年歲。我也是著急啊，我都半截黃土埋身了，再抱不到孫子，是死也不能瞑目的。」說著，老太太的眼淚就要落下來。

戒緣師叔看了一眼李木工，說：「你知道你是如何把債還清的嗎？」

李木工楞了一下，說：「我就是靠著這麼些年零零碎碎湊起來的錢，一點一點還清的。」

天底下從來沒有一蹴而就的事情，凡事都要歷經**從無到有**的過程

戒緣師叔點點頭，說：「其實，你討老婆這件事情，也是一樣的道理。天底下從來沒有一蹴而就的事情，凡事都要歷經從無到有的過程，更何況是一個活生生的人呢。我剛才看你做的木工活，也必定是一鉋子一鉋子打磨出來的，你和一個人相處一生，也是要一點一點地彼此磨合，才會有了夫妻間的默契。**天底下哪裡有一見面就完全符合你要求的人呢？從無到有，需要的是彼此的付出，這可不是讓你千挑萬選的**。我說的道理你可明白？」

「這個……」李木工陷入沉思。

「得了，你現在也別思考了，這不是一兩天就能想明白的。」戒緣師叔說，「有些事，靠的是天長日久的累積。年歲越長，為人也就越明白的。剩下的事情交給我吧。我來給你提供一個『無』，看你能否用木工活給變出一個『有』。」

說完，戒緣師叔只留給大家一個神祕的微笑，再不發一語。

練習 11

不著急脫離困境的束縛

——靜下心走下去，時間將給所有問題答案

釋然從來不知道戒緣師叔還有做媒人的潛質。從李木工家辭別後，戒緣師叔就再沒有對之前答應人家的事情說過一句話，反而釋然心中有一千個解不開的疑問。戒緣師叔為什麼會主動要去幫助對方解決男女婚事問題？看戒緣師叔說話的口氣，似乎他早已經胸有成竹了，難道這其中還另有玄機？釋然想要問個明白，卻發現戒緣師叔根本就沒有想要講述的意思，不得已他也只能把這些疑問暫時憋在心裡。

兩人剛繞出一座山，天色已經暗了下來。釋然回望背後的夕陽，正在被群山一點點吞噬；再抬眼向前面望去，依舊和來時一樣，有層層疊疊的群山環繞，腳下的路蜿蜒遠去，看不到盡頭。

「師叔，我們還要走多遠，才能走出去？」釋然以略帶撒嬌的口氣問。

戒緣師叔聽了這個問題，似乎有些不明所以。「走出去？走到哪裡？」

釋然善意地提醒他：「師叔你怎麼這麼快就忘記了？我們不是說好要去雲遊闖天下嗎？不走出這片群山怎麼算是雲遊呢？」

戒緣師叔停下來，也學著釋然剛才的樣子前後看了看，突然說：「山？我怎麼看不見山？」

這一句更把釋然弄糊塗了，他們正在走的明明就是山路，怎麼可能看不見山呢？釋然突然感覺到自己像是被戒緣師叔戲弄了，不覺心中有些氣不過。他想，既然你說你看不見山，那我就非要刨根問底探個究竟。釋然拉著戒緣師叔的手，奮力登上旁邊的一塊大石頭，指著太陽正在落下的地方問：「師叔，你說你看不見山，那正在落下去的太陽是被什麼遮擋住了？」

「青山翠柏。」戒緣師叔慢慢地說出了四個字，貌似已經把自己剛才的回答拋諸腦後了。

「那你還說看不見山。」釋然噘著嘴嘟囔了一句。

「看見看不見又能怎樣？」戒緣師叔反問了一句，「**你看見了山，山也不會因為你的著急行路而減少；你看不見山，山也不會因為你的視而不見而增大**。其實，看見或看不見，都不是在眼中，而是在心裡。你只是平平常常地走路，山只是安安靜靜地存在，太陽每天都照常升起，樹木每天都一樣生長，**你**

看見或者看不見，又能改變什麼？」

聽了戒緣師叔這一番提問，釋然頓時語塞。他眨巴眨巴眼睛，想說點什麼給自己辯解，卻始終沒有找到合適的詞語。

戒緣師叔繼續說：「釋然，在這漫山遍野中，你到底看到了什麼？」

釋然抬頭四望，依舊只是看到沒有邊際的群山環抱，而且天色越來越暗，空氣的溫度也開始驟降下來。釋然伸手把身上的衣服使勁裹了裹說：「我只是感到冷，師叔，我們今天晚上在哪裡過夜？」

聽釋然這麼一說，戒緣師叔似乎也意識到了這個問題，這才從剛才的沉思中回過神來，拿起放在地上的包袱帶著釋然抓緊時間趕路。

天色完全黑了下來，雖然並不是伸手不見五指，但比起寺院裡燭火的明亮，當下的黑暗總是讓人心發慌。釋然也不知道自己在害怕什麼，他只是希望能夠趕快走，走到一個有光亮的地方。他越走越快，分明感覺到自己恨不得能飛跑起來，而他背後似乎有一隻無形的大手在使勁抓緊他，讓他每一步都感覺異常沉重，且呼吸困難。

「釋然！」戒緣師叔突然大喝一聲，叫停了釋然的腳步，「你這麼著急，要去做什麼？」

釋然猛然間停了下來，由於慣性帶動還差點摔了一個跟頭。「幹……幹什麼？」釋然突然變得有點驚慌。

「這句話該我問你才是。」很明顯，戒緣師叔生氣了。「你這麼慌慌張張要做什麼？好好的出家人的威儀都被你丟盡了。雖說這裡是荒郊野外沒有人看到，但你的修行又是給誰看的？連自己的心魔都克服不了，又怎麼能去闖蕩外面的世界？」

「心魔？」釋然並沒有意識到自己心中的魔鬼在什麼地方。

戒緣師叔索性拉著釋然在一塊乾淨的石頭上坐下來，也不管他願意不願意，明明還能看得清道路，他卻拿出乾糧來和釋然分著吃。看著釋然一臉迷惑，戒緣師叔這才慢條斯理地說：「釋然，其實**修行並不是什麼難事，只要你把平常所看到的一切僅僅當做是平常，就沒有什麼能夠擾亂你的清淨心**。你說你想要走出這片大山，可是在人生的路途上，那些叢生的煩惱，又何嘗不是一座座高山困擾著你的行程。人生就是一場命運的突圍，天助自助者，所有的答案都是統一

人生就是一場命運的突圍，天助自助者，所有的答案只在一個「**我**」字。

的，只在於一個『我』字。**我讓你看山在哪裡，真正的山不在我們身邊，而是在你的心裡。你沒有走出心裡的大山，即便是到了外面的世界，也不過相當於換了一個更大的監牢而已。**」

釋然知道，戒緣師叔說的心魔正是自己心中的執念，是自己必須要跨過去的障礙。至於究竟該如何做，釋然心中還是一片茫然。他略帶委屈地望向戒緣師叔，希望能夠從這位長者的口中得到答案。

「釋然啊，人世間所有的平凡事，都只不過是一場且行且看的過程。不必要去追求你現在還猜想不到的答案，等走完這一段，你自然會有自己的感悟。**只要你靜下心來，只是走下去，剩下的所有問題都會從時間中找到答案。**就像是天冷後需要生火取暖一樣，一切都是最自然的反應。」戒緣師叔話剛說完，就起身去找乾柴火了。看樣子，他打算今晚就休息在這荒郊野地。這對釋然來說，又將是一場莫大的考驗。

練習
12

對做錯事的人，別過度追究

——對他人仁慈，也是對自己仁慈

聽著夜間的蟲鳴，釋然有些睡不著，雖然這一天的行程令身體極為疲憊，這荒郊野外自然比不上寺院的床鋪舒服，可釋然此時竟然覺得無比放鬆。他本想轉身去和戒緣師叔多聊一聊，誰知戒緣師叔正在望著滿天繁星，一語不發。

「師叔，你在看什麼？」釋然翻了個身，平躺在石頭上，因為白天太陽的照射，那青石板還保留有陽光的溫度，這讓釋然從身體一直溫暖到心裡面。

「釋然，你能找得到北極星嗎？」良久之後，戒緣師叔才幽幽地傳來這麼一句回答。

在寺裡的時候，師父曾經教過釋然如何通過北極星來辨別方向。聽戒緣師叔這麼一問，釋然也來了興趣，他乾脆坐了起來，抬頭四望，很容易就找到了天上如同一把勺子形狀的北斗七星，然後又順著勺柄的方向一直望下去，在距離不遠的地方有一顆星星發著極亮的光。有那麼一刻，釋然忽然覺得悲從中來，他無法理解這顆北極星存在的意義到底是為何。如果一顆星星始終是這般孤獨地照亮著人們的方向，又有誰會來感謝它曾為這個世界作出的奉獻？

「釋然，你知道北極星存在多少年了嗎？」戒緣師叔這句問話的背後藏著許多神祕的味道。

釋然從來沒有想過這個問題。自從他認識北極星開始，這顆星星就一直閃耀在天空的一角。釋然知道，它實際存在的時間遠超過了自己的想像。他不知道的是，戒緣師叔如此一問的用意何在。

「你一定會回答我說有成千上萬年。」戒緣師叔沒有等釋然給出答案，自己反倒主動替釋然打了一個圓場。「可是釋然你知道嗎，星星的光傳到地球或許需要幾年的時間，你現在看到的它們，只不過是以前的影子。真正的現在，又在何處？**世間萬法，本來不動不搖，真正可以稱之為修行的事情，只有『現在』二字。**」說到這裡，戒緣師叔頓了頓，似乎在等待釋然的反應。看到釋然一直在認真聽自己講時，戒緣師叔就繼續把剛才的話接了下去，「釋然，這整整一天，發生了很多事情，可能是你在寺院中一輩子都看不到的事情。我們接下來要走的路還很長，遇到的事情也會很多。師叔我今天也給你講了不少道理，我並不求你能夠在一瞬間頓悟所有，只希望能在當下明白當下的修行。我說這些，你懂我的意思嗎？」

其實釋然並非不懂，只是人世間的所有道理都不只是讓人去體悟的，而是需要在體悟之後去身體力行的，這才是真正難的事情。

釋然指了指天上的北極星，略帶深情地說：「師叔，你看到它的寂寞了嗎？」

戒緣師叔抬頭看了看，笑著在釋然肩膀上拍了一下，隨後就躺下睡覺了。只留下釋然還睜大著眼睛看那一閃一閃的星星，漸漸迷失在自己的思緒中。

也不知道過了多久，釋然被一陣窸窸窣窣的聲音吵醒，正當他剛想睜開眼睛看看發生了什麼事情的時候，就感覺自己被人一下子從石頭上給踢了下來。釋然一個激靈從睡意中清醒過來，卻發現戒緣師叔和自己一樣慌亂，都不知道究竟發生了什麼事情。只見兩個面相兇惡的人，手持長刀正惡狠狠地看著他們。

此時，把釋然推下石頭的光頭對旁邊的長頭髮男人低聲說：「大哥，今天真是倒楣，怎麼碰上了兩個禿頭！」

長頭髮一手拿著火把，一手用刀刃在這兩位出家人的包袱中翻找著，發現只有幾件換洗的衣物以及隨身攜帶的乾糧後，不禁皺了皺眉頭。他向光頭使了個眼色，示意他上前去問個究竟。

釋然心中有一百個不相信，但眼前的事實分明說明他們兩人遇上了傳說中的強盜。其實在寺院的時候，他早就聽說山中偶有不太平的事情發生，但他從來就沒有把這樣的事放在心上。如今真的遇到了劫匪，釋然完全懵了，不知道應該做什麼。

戒緣師叔把早已經嚇得不知所以的釋然拉到自己身後，上前打了一聲佛號，說：「兩位施主，大家都是為了一口飯食奔波勞碌，你們有你們的難處，貧僧也有貧僧的難處，相互給予方便，便是無量功德。阿彌陀佛。」

「哎呀，老子沒有拿到你一分錢，你這個老和尚反倒來給我講起大道理了。你的大道理能讓我一家老小填飽肚子嗎？」光頭咧著嘴問，言語中多是不敬之詞。

戒緣師叔倒也不生氣。其實以他的功夫，對付這兩個小毛賊綽綽有餘，但戒緣師叔卻根本就沒有要動手的打算。「貧僧二人出行，也並無多餘錢財，所帶之物你們也都看到了。如果二位一家老小還沒有填飽肚子，那些乾糧可隨意取走。想要再多，恐怕我們二人也都無能為力了。」

「哎呀呀，越說你越上勁了。」說著話，光頭就走上前來似乎想要動手。

這時，一直在一旁觀看的長頭髮卻拉住了光頭。他搖了搖頭，示意光頭不要衝動。長頭髮走上前，對著戒緣師叔抱拳說：「這位師父，今天多有得罪，日後後會有期。」說完，就拉著光頭消失在茫茫夜色中。

整件事情來得快去得也快，釋然還沒有明白究竟發生了什麼，一切已經歸於風平浪靜。待到好一會兒，他才平復了心緒，卻恍然大悟般想起了戒緣師叔是會武功的，於是便反問戒緣師叔為什麼不用武力把這兩個強盜打倒，也算是為附近山民除了一害。

戒緣師叔又緩緩地躺下，看了一眼還在閃閃發亮的北極星，說：「北極星不滅，人們就不會丟了方向。北極星不屬於世間任何一物，卻可以為世間所有的生靈照亮前行之路。釋然，你且記住，**凡事不可太盡，修行之事本是為了給世間事指引一條生路，這對你我，對那兩個人，都是一樣。法在人間，不是屬於你和我，是需要給所有人以慈悲和普度。**今日之事，就此忘了吧。」

「法在人間，給所有人以慈悲和普度。」釋然呢喃著重複了一遍師叔的話，抬眼去看天邊的北極星，它正隨著東方的魚肚白而漸漸隱去。釋然知道，隱去並不代表消失，即使看不到，也總是在心中記得那顆一直在指引著前行方向的星辰，在最需要的時候它必定會出現在北方的天空中，出現在自己修行路上的一片佛心裡。

練習 13

停止抱怨別人
——別用他人的過錯懲罰自己

對於釋然來說，這一場旅程，簡直就是用自己一生的修行在做賭注。他渴望的是命運能給他一場醒悟，能夠讓他猜得到所有的奧祕。或許，旅程過後他也依然會覺得遺憾，甚至還會徒增許多不該有的煩惱，但如果不走這一趟，不去歷經這一路上的是是非非，他永遠都不會明白人外有人山外有山的道理。其實，簡單且幸福地活著，本身就是一場修行，但這些小美好已經不屬於釋然了。只有在比較中，他才能找得到真正與自己的修行相稱的方式。今天的命運或許就是明天的答案，不管這一路如何艱辛，這就是他眼前的世界。

戒緣師叔試圖安慰一下驚魂甫定的釋然，卻一時間找不到合適的辭彙。他知道並且非常深刻地瞭解釋然此時的心境，也知道只有時間能慢慢癒合這一次的意外事件給釋然造成的傷害。但他們馬上就要起身前行了，釋然也必須在最短的時間內恢復到正常狀態。

「釋然，如果你後悔這一次出行的話，現在回頭還來得及。」戒緣師叔的語氣中帶著抱歉，他不確定釋然在這場巨變後是否還具有面對更多未知的勇氣。「釋然啊，其實人生本來就是這樣，到處都充滿了意料之外的事情。去面對未知，真的很不容易。」

「後悔？為什麼？」釋然仰著頭反問了一句。「師叔，我們不是才剛開始嗎？你常和我說，未來的路還長，過去的已然過去，未來的尚且未至，我既沒有必要為已經發生過的事情懊悔，更沒有必要為還沒有到來的事情擔心。當下，不正是我的命運？師叔你看，太陽升起來了，我們該趕路了。」說完，釋然主動背起包袱，大踏步地向前方走去。

面對釋然如此突然的轉變，戒緣師叔反倒不太容易接受。他模模糊糊地知道，釋然大概已經走出了那個以自我為中心的被寵愛的心態了。如果一個人能夠清醒且理智地對待現實，並且非常明白地認識到人外有人天外有天的客觀現實，那麼幸福就已經離他不遠了。戒緣師叔不知道釋然內心深處真正的想法是不是如此，但只要這個孩子還願意繼續往前走，他這個師叔就更沒有理由選擇後退，或者勸誘釋然後退。那樣做的話，就等於是他自己親手斷了這個孩子前行的路。戒緣師叔希望憑藉自己的力量給釋然提供一個機會，只要他願意，就永遠都不應該喪失面對生活的勇氣和態度。

當所有的被動在一瞬間轉化為主動和鼓勵，當以積極的態度去面對未來的時候，釋然此時才真正感知到了生活給予他滿滿的幸福。雖然剛剛還歷經了一場痛苦，但釋然現在感知到的卻是甜蜜。他知道自己其實是歷經了一場蛻變，一個人如果連生死之事都歷經過了，還有什麼放不下？

「師叔，你餓不餓，我可是餓壞了。」說著話，釋然就從包袱中拿出燒餅來大口啃著。「以前怎麼沒有覺得，這燒餅吃起來比白麵饅頭還有味道。」

看著釋然津津有味地嚼著乾糧，戒緣師叔臉上浮現出會心的笑容。他打趣釋然說：「現在知道餓肚子了？也不知道昨天是哪一個小和尚口口聲聲要吃白麵饅頭，還要有好吃的菜才肯吃飯。當時那抱怨聲啊，我現在還聽得真真切切呢！」

聽了戒緣師叔的挖苦，釋然不好意思地吐了吐舌頭，隨後又大大地咬了一口燒餅，說：「哈哈哈，我才不管那個人是誰，我現在只知道吃飽了肚子才不餓。師叔，你要不要也來一個。」

戒緣師叔看了一眼釋然，又看了看他遞過來的燒餅，隨之哈哈大笑了幾聲，也如同釋然一樣大口大口地吃了起來。

「味道怎麼樣？」釋然問。

戒緣師叔咂巴咂巴嘴，似乎需要品味很久，當說出那句「味道真好」時，他終於看到了釋然臉上掛上了發自真心的微笑。「那我來問你一個問題，釋然，你對這一次的出行是什麼感覺？」戒緣師叔計畫打破砂鍋問到底，他一定要聽到釋然親口說出那個他期待已久的辭彙。

釋然早就做好了迎接這個問題的準備了，他根本就不需要多加思索：「味道真好。」他故作神祕看了看戒緣師叔，微微笑了笑，繼續解釋說，「師叔，我想我忘記了一件事情。**在我抱怨他人的時候，自己才是最容易受到傷害的對象。**我差一點被情緒的陰霾遮住了心中的陽光，差一點就忘記了生活中還存有的樂趣。就像是我們昨天見到的花朵一樣，其實它根本就不需要去記得去年冬天歷經的寒冷，因為當它綻放的時候，已經擁有了屬於自己的春天。當然，還有夏季在等待著它去體驗。」

「你，就是那朵花。」戒緣師叔一邊說著一邊從釋然肩膀上接過包袱，他一直在極力呵護這朵剛剛開始綻放的花朵，生怕他還來不及享受春天的美好就走向

若能夠理智地對待現實，認清人外有人天外有天的現實，
幸福就離你不遠了。

凋零。

「我？我可比那朵花漂亮多了。」釋然調皮了一句，伸手阻止了戒緣師叔的動作。他把包袱往肩上使勁扛了扛，示意自己完全可以承擔如此負重。

戒緣師叔伸出去的手不得不退了回來。看著釋然走在前面的身影，戒緣師叔似乎感知到自己已經可以放心地讓這個孩子走出這片群山了。生活有許多艱辛和意料之外的故事，沒有誰能得到命運的格外垂青，但現在的釋然足夠讓他放心。

所有的歷經都只不過是一種提醒，提醒著所有人，生命本就應該重生。

而此刻的釋然，擁有的就是一場新生。

練習 14

偶爾緩下匆忙的腳步——走路，是修行；停下，也是修行

春天山中濕氣重，大概是因為昨天晚上受涼了，釋然一路上打了好幾個噴嚏。他抬頭向前望去，剛才還看得到的太陽，現在卻找不到蹤跡。四周群山都被籠罩在越來越濃的霧氣中，使得這二位行腳的僧人一時之間辨別不清楚方向。

「釋然，不要走了，山路艱險，又看不清方向，誰知道前路會有怎麼樣的意外！」戒緣師叔小心地試探著前路，最後還是覺得以人身安全為上。

儘管有些不情願，釋然也不得已地停下了腳步。雖然他渴望早一點見識到外面的世界，但面對大霧，他也沒有絲毫的脾氣。無奈之下，只得坐在路邊，等著太陽高升，濃霧散去。

從昨天早晨一直到現在，他們已經走了整整一天的時間了。路上辛勞是肯定的，卻也讓釋然更加憧憬山外面的風景。自從師父帶他進山後，他從來都沒有走出過寺院。有時候站在寺院背後的懸崖上遠遠眺望，只看得到群山包圍著群山。

有一次小師弟問他這裡到底有多少座山，釋然搖搖頭表示不知道。他也曾想過到底要走多久才能走出這裡，現在看來，也許這一天的行程僅僅只是個開始。

「這山霧不知道何時才能散去，如果濕氣過重，恐怕還會下起春雨，如果真這樣可就麻煩了。」戒緣師叔摸著身上已經被山霧打濕的衣衫，不禁愁容滿面。

其實不管是大霧還是下雨，對釋然來說都是最新鮮的經歷。他絲毫不擔心這一路上將會遇到怎樣的困難，或者他尚不知道困難的可怕。此時的釋然對一切感覺都是新鮮的，即便是大霧之後的春雨，恐怕也是最適合澆灌這株年輕幼苗的珍露。釋然站起來，大聲地對戒緣師叔說：「師叔，如果真是這樣，那我們還坐在這裡幹什麼？抓緊趕路才是正事。」

戒緣師叔皺皺眉頭，似乎並不贊成釋然的決定。此時的戒緣師叔更願意選擇一種最穩妥的方式來保護釋然和自己，冒進只會給他們帶來更多的危險。他試圖把將要面對的困難解釋給釋然聽，卻沒有想到被釋然的一句話全都擋在了門外。

釋然扭頭看了看戒緣師叔，發現他還坐在路邊猶豫不決。釋然心直口快，也想不到戒緣師叔究竟在擔心什麼，他走上前拉著戒緣師叔的手，說：「師叔，我們不是應該往前走嗎？站在原地觀望，怎麼會得知下一步的結果？」

戒緣師叔被釋然的這一句話激靈了一下，是啊，他忽然醒悟過來，懊悔自己怎麼也變得如此婆婆媽媽了，這可一點都不像是他這麼多年來的作風。或許是對釋然的保護太過於謹慎，才讓他不敢放開腳步前行。可是當鼓足勇氣前進的時候，所有的憂懼和懷疑都會因此而煙消雲散。儘管前路迷茫，辨不出方向和吉凶，但看到釋然躍躍欲試，戒緣師叔也受到了釋然情緒上的感染，重新燃起了年輕時候外出雲遊時的激動心緒。

「釋然，如果遇到什麼危險，你可不要怪我沒有提醒你啊。」戒緣師叔再一次警告釋然。

釋然笑了笑，並沒有把這樣的警告放在心上。他回答說：「師叔，我們雲遊的意義不就在於去嘗試和前進嗎！就像是我們昨天經歷的所有，都只不過是這一路上所必須要歷經的故事。不管結局如何，你經常教導我，總是要先去體驗一番。而現在，我正要去體驗一番這大霧帶給我的驚喜。」說完，釋然轉身便繼續向前走去。

眼看著釋然的身影一點點消失在眼前的迷霧中，戒緣師叔急忙快步趕上。然而，兩人沒有走多遠，難題就出現了。

也不知道是什麼時候，山上滾落的一塊大石頭擋在路中間，因為隔著大霧看不清楚，走到跟前才知道此路走不通。而現在，他們更不知道從哪裡可以繞小路過去。戒緣師叔向釋然擺了擺手，表示自己也沒有絲毫辦法，只有等大霧散去後才可以重新調整前進的方向。

釋然一屁股蹲坐在地上，看起來滿臉失望。可還沒有等戒緣師叔給他任何安慰，釋然馬上就做了另一個決定。他轉身向山頂爬去，既然無法回身找到其他的路走，那麼只能從山頂上越過。這個想法可真正激怒了戒緣師叔。出於人身安全的考慮，他是絕對不會讓釋然這麼做的。一時間，兩人有些爭執不下。

「釋然，我來問你，你這麼執著地要往前趕路，是為了什麼？」戒緣師叔問道。

釋然不假思索地回答說：「為了看一看山外面的世界啊。」這樣的回答，讓戒緣師叔的提問顯得有些多餘。

「看到了外面的世界又能怎樣？」戒緣師叔追問。

「這……」

戒緣師叔努力壓了壓心中的火氣，儘量平靜地說：「釋然，我們出家人修一路行一路，你著急往前走，豈不是忘記了腳下？**路，不通的時候，選擇拐彎；眼，看不見的時候，選擇淡然隨緣**。坎坎坷坷路，坦坦然然行。你的執念，放下了嗎？」

釋然抬手摸著自己的胸口，又伸手觸摸到了石頭的冰涼，似乎穿過眼前的迷霧看到了萬千條路的交錯，而自己卻站在阡陌之間不知道如何前行。

「釋然，走路，是修行；停下，也是修行。生活本如此，你還要強求什麼！」戒緣師叔說完這句話，盤腿坐在了大石頭下面，閉目不語。

釋然獨自站了良久，之後也慢慢地坐了下來。在他閉起眼睛打坐的瞬間，山霧也正開始慢慢散去，不遠處的山口正在等待這兩位修行者穿行而過。

山外面的世界，已經近在咫尺。那裡，花開正好！

你著急往前走，豈不是忘記了腳下？
走路，是修行；**停下**，也是修行。

練習 15

給自己休息的機會

——心有餘裕，人生的風景就不同了！

「釋然，我給你講個故事吧。」戒緣師叔說，扭頭看了看釋然，確認得到了他認可的回答後，說：「以前我在山上的時候，寺院還沒有建設完成，山上也沒有存水的地方。我就每天早晨到山下去挑水，風雨無阻。那時候雖然艱苦，但現在回想起來心裡卻覺得很甜美。釋然啊，我出家這麼多年，唯一的感悟就是，**穿衣吃飯運水擔柴，其實處處都是修行的妙法。你若覺得苦，只是還不懂得其中的甜**。你認為我說的話有道理嗎？」

釋然吐了吐舌頭，假扮著鬼臉說：「師叔說的話最有道理了，釋然也都記在心間了。」

「你這個臭小子，就會拍我馬屁。」戒緣師叔笑著說。

山霧已經漸漸散去，當陽光重新普照大地的時候，他們發現這條路的一角恰好沒有被石頭壓住，兩人只要稍微彎下身軀就能通過。再順眼往下看，可把他們驚呆了。原來這麼大的一塊巨石只是被懸崖旁一根脆弱的樹枝擋住去路。如果剛才強行爬過巨石，恐怕樹枝會支撐不住搖晃的力量而連人帶石頭一起滾落深澗。

釋然深深地吸了一口冷氣，不覺後怕起來。

「幸虧你聽了我的話沒有輕舉妄動，否則……」戒緣師叔沒有繼續說下去，事情的後果他根本就想像不到。「現在太陽出來了，我們也該啟程了。」

「那，這塊石頭怎麼辦？」釋然指了指還擋在路中間的巨石。如果他們就這樣走了，巨石依舊會阻擋附近山民的通行。如果再偶然遇到剛才的大霧，說不定就會有人因此而遭遇危難。

「走吧，石頭有石頭的命運。」戒緣師叔看似無情地說了這麼一句禪語後轉身而去。

釋然本想自己把石頭推向山澗，但以他的力量卻不足以使巨石移動。眼看著戒緣師叔越走越遠，釋然不得已趕緊跟了上去。

「釋然，你看，前面就是山口了。經過那座橋，我們就真正走出了這片群山。」戒緣師叔的話中似乎帶有一種告別的意味，「有時候，遺忘是最好的解脫。或者，你的沉默也就是你的答案。釋然，在這裡，和以前你的說一聲再會吧。」

釋然由此也就更明瞭了這座橋的象徵意義。他轉過身，向著寺院方向——雖然早已經看不到寺院在何處，輕輕地在心中說了一聲「再見」。現在的釋然，雖然是個剛出茅廬的孩子，但他絕對不會想到自己在這一趟行程後會成為知名的修行者。日後再回到這座小橋時，青山流水依舊，只是那個釋然再不是今天的釋然，就像是現在走過去的戒緣師叔也不再是曾經的戒緣一樣。

「釋然，你知道我為什麼給你講剛才那個故事嗎？」戒緣師叔說，「這麼多年來，我在江湖上風裡來雨裡去，雖是辛苦，但我從來不覺苦。我知道，正是因為我當下所經歷的一切，才成為我日後的所有。年少的時候爬山，我總是有一口氣往上衝的力氣，覺得臺階每隔一段有個平坦的寬面實在沒必要。山坡旁的水溝，每隔一段就設個水池也是多餘。直到年歲漸長，每爬一段就得緩口氣。有一天大雨，看見奔流的雨水正要衝出溝渠，就有個水池減緩水速，讓湍急的水流減緩後重新往下流。我終於領悟：人生要有頓挫，借機會休息一下，看看、想想、學學，才行得穩、走得遠。所以釋然，師叔在帶領你走出這片群山的時候，最後一次要告誡你的一句話是：**永遠都要記得給自己緩衝的機會，弦太滿，容易斷。**」

看著戒緣師叔深情的眼神，釋然突然間意識到這一次的行程可能對自己來說具有十分重大的意義。釋然不覺地點著頭，生怕錯過了戒緣師叔給自己留下的每一句忠告。

「做好準備了嗎？我們現在就開始真正上路了。」戒緣師叔和釋然相互交換了一下眼神，一前一後越橋而過。

出了群山再前行不多遠，景色便完全和山裡不同。山中的初春還帶著些許寒冷，山下早已經是繁花似錦了。釋然一時覺得再給自己的腦袋上多加上兩隻眼睛也不足以欣賞這片美景。看著釋然滿臉新鮮的模樣，戒緣師叔笑了，他放任這個孩子去汲取自己所看到、聽到、嗅到、感知到的一切。現在的釋然最需要弄明白的一點是，這個世界中還有如此多美好的存在，由此才會更激發處他前進的勇氣。

「來來，釋然，累了沒有。」戒緣師叔伸手招呼釋然坐在自己身邊。看著眼前的小路一直延伸到不遠處的小鎮，陽光恰好溫柔地籠罩在每一所民舍上，處處都寫滿了溫馨。

人生要有**頓挫**，借機會休息一下，才行得穩、走得遠。

戒緣師叔說：「釋然，你看這山外的陽光，和山裡面有什麼不同。」

釋然高興地說：「當然不同了。這裡的陽光更溫暖，這裡的樹木更多彩，這裡的聲音更動聽，這裡的……」

「可是太陽卻始終是那個太陽，無論是在山裡還是在山外，它從來沒有改變過。」戒緣師叔打斷釋然的話，面帶微笑說，「或許，改變的是你，而不是陽光。是不是？」

剛剛還在蹦跳著說話的釋然忽然靜止下來。「我？」他抬頭看了看灑了自己滿面的陽光，又似乎和當初在寺院中觸摸到的溫暖沒有什麼兩樣。「難道真的是……」想著想著，釋然迎著那最清新的陽光，笑容綻開了花。

練習 16

不與人爭長短對錯

——心底的那份清涼才是人生的方向

「師叔，你對我真好。」正走著路，釋然突然對戒緣師叔冒出了這麼一句感慨。戒緣師叔饒有興趣地回頭看了看釋然，追問：「說說看，我哪裡對你好了？」

釋然撓了撓頭，只是笑，不說話。

戒緣師叔出乎意外地板起臉來說：「釋然啊，你說我好，卻又不說我哪裡好，恐怕這種美好要大大地打了折扣吧。有一句禪詩說得好，『身處深海底，無我大光明』。無我的人生是一種自在，無我的人生更是一種幸福的往來。其實在我心中啊，早就沒有好壞之分了。我才不管你說我好還是不好呢，我就做我的事情，該教訓你時還是一樣得教訓你。」戒緣師叔說著，對釋然揮了揮拳頭。

釋然急忙把雙手擋在臉前，向戒緣師叔陪起了笑臉。

兩個人邊走邊開玩笑，不知不覺間走進了村落。他們兩人看這些村民，似乎和山下小鎮裡的百姓差不了多少，無非只是在穿衣打扮和說話口音上略有不同而已。出家人眼中的世界，處處滿是慈悲。哪怕是一朵花草，也該有屬於他們自己的春天以及宿命。出家人不擾世間清幽，才能給自己修來一身清淨。

然而，村子裡的居民們看這兩位出家人的眼光可不同。雖說只是隔著幾重大山，但村民們根本就不知道那片深山裡還有整日吃齋念佛的師父存在。更有人家的小孩子看到他們奇怪的服裝嚇得大哭起來，這讓釋然一時間覺得異常尷尬。

「師叔，我們不是應該……」釋然示意戒緣師叔主動上前給去村民們打個招呼，或許還能化一點齋飯回來。

戒緣師叔明白釋然的意思，他搖搖頭，伸手進自己的口袋中掏了掏，拿出幾張紙幣來。戒緣師叔用手指沾著唾液數了數，一共有將近一百塊錢。這些零零碎碎的錢都是戒緣師叔一點一點積攢下來的，他現在拿出來的意思很明顯。戒緣師叔不想憑著出家人的身分去換來他人的施捨，現在的他，不想看到任何人對自己發慈悲心。他這一路上要教會釋然的是，如何只靠自己，度過人生中一個又一個本不該有的煩惱。

「釋然，我想這些錢，也足夠我們吃住幾天了。等到錢花光的時候，才是真正的考驗。」戒緣師叔說話的時候始終帶著微笑，就好像這件事情只和釋然一個人有關一樣。

釋然心中有千百條疑問，但他只能就此打住。他知道，即便自己問了，戒緣師叔也不會說出其中的緣由，反倒不如不開口，緣分到了自然會有結果。

在眾人注目下的行進，讓釋然覺得自己的每一個小動作都被放大了。他甚至能感知到村民向自己投來的目光中隱藏的潛臺詞，於是只得硬著頭皮假裝不看旁人，跟著戒緣師叔徑直來到村子中唯一的飯館門口。店小二看到這二位，雖然也是詫異，卻沒有在招呼上有所怠慢。戒緣師叔要了兩碗素麵，和釋然坐在一個靠窗的位置上慢慢等著廚房準備。

正在這時，一個本村模樣的人走了過來，上上下下仔細打量了一下，用陰陽怪氣的腔調問：「我說兩位光頭，真的是和尚？還要了兩碗素麵，不吃酒肉？這可真是新鮮！」

一聽這麼大不敬的話，釋然心中生起了一陣惱火。他心想，這世上怎麼還會有對出家人這麼不敬的人存在。如果不是戒緣師叔狠狠瞪了釋然一眼，恐怕他非要上前去和對方爭論一番。

對方在看到店小二確實端上來兩碗素麵後，也似乎給自己剛才的問題找到了答案。再加上這兩個出家人只是顧著自己吃飯，默默不發一語，他也自覺沒趣，隨口說了兩句不乾淨的話就走人了。周邊看熱鬧的人看到主角都走了，他們也便逐漸散去。

看著周邊再沒有其他人，戒緣師叔這才開口說：「釋然，出門在外不比寺中，凡事都要多思忖一些。不是師叔軟弱不敢和這些人爭鬥，只是這樣的爭鬥不具有任何意義。我現在讓你忍了，你要知道忍的好處。這世間的人，有多少人被自己一時的欲望牽引著走，一念嗔心起，百萬障門開。師叔要告訴你的是，從**忍讓中去明白做人須處下的道理。蓮花出淤泥而不染，你我又何必以他人短長來斷定自己的修行**？那豈不是成了天大的笑話？」

聽完這一席話，釋然忽然間明白了許多。他放下手中的飯碗，用手背在嘴上揩了一下，說：「其實師叔，對我來說吃飽肚子永遠都是最重要的。只是我想開開心心地吃飽飯，而不是……」剩下一半的話，釋然憋著沒有說。

戒緣師叔也放下了筷子，摸了摸自己圓滾滾的肚子說：「人這一生啊，思來想去，都只是一場煙雲，糊口飽肚卻是最大的修行。只是釋然你這個孩子啊，對人太認真，對己也太執著。**少一些你高我低，少一些對錯短長，心底的那份清涼才是人生的方向**。你若懂得以三分力去化七分氣的道理，相信你吃飯一定會比現在香。來啊小二，我們結賬了。」

練習 17

別在意付出是否值得

——你的真心，就在給予的那一瞬間

釋然和戒緣師叔兩人在這個村落中，並沒有得到多好的待遇。結賬的時候，店小二試探著問他們是不是真的出家人，釋然只得以哭笑不得的表情作答。試想，即便是假冒的出家人，他肯定也不會在這裡回答說自己是假的。店小二的這個問題其實早已經把他們兩人的身分給否定了。但戒緣師叔卻從這個問題中聽出了一些端倪。

「小二，為什麼我從進村子的那一刻，就感覺到人們看我倆的眼光不對呢？」戒緣師叔說，「也許在你們這裡出家人很少見，大家也都避免不了好奇。可是我感覺到的卻是一種冷冷的防備心，似乎有什麼事情一直在隱瞞著。」

店小二四顧看了看，見此時飯館中沒有太多客人，便低聲說：「其實，我們這裡以前被假和尚騙過。看到你們這樣的裝束進來，村民們當然要警戒起來了。」

一聽有這等事情發生，釋然和戒緣師叔都大吃一驚。尤其是釋然，他幾乎不相信自己耳朵聽到的事實。天底下怎麼會有假扮出家人來騙人錢財的事情發生，難道他們就不怕因此而背上因果報應嗎？戒緣師叔沒有多說什麼，只是示意店小二繼續講下去。

「就在不久前，村裡來了一個和你們一樣打扮的人，也是光頭，個子不高，微胖。他說他是菩薩派來化緣的，因為我們這個村子對上天許下要做九百九十九件善事，所以他特地來幫助我們村子的人完成這一宏願。」店小二頓了一下，繼續說，「其實我們大家都知道，誰也沒有立下過這樣的願望。但既然那個所謂的『出家人』說是菩薩派他來的，那大家也都施捨給他一些功德。誰知，後來發生的事情卻出乎所有人的意料。」

「發現事情真相的人是村裡的王二小，就是剛才在你們飯桌前面叫嚷的那個人。王二小是村裡有名的混混──不過也沒有做過什麼大不了的壞事──有一天晚上醉酒後回家，恰在一個拐角處看到了這個和尚和一個陌生人在竊竊私語。聽說話的內容，大致是現在村子裡幾乎每家都拿出了一些錢做供養，但他們仍然不死心，還把目光瞄準了村子裡的劉大戶，企圖半夜翻牆進去把財物盜走。」

「當王二小把這個消息告訴給劉大戶時，根本就沒有人相信會有這樣的事情。但大家還是一致認為防人之心不可無，當天晚上劉大戶便組織人做好了防備工作。誰知，過了三更天，果真有兩個黑衣人潛了進來。劉大戶率領街坊鄰居衝出來把兩人抓住時，發現其中一個竟然真的是那個光頭和尚，另一個個子比較高的是個長頭髮。不過看樣子，長頭髮的人才是帶頭人。」

店小二的故事講到這裡時，戒緣師叔已經明白是怎麼回事了。他突然間想起了前兩天晚上在山裡遇到的那兩個山賊。按常理說，如果真是山賊，能做得出入戶行竊之事，那天晚上卻又為什麼要放了他們兩個人？難道整件事情另有隱情？

「真是可惡，這樣的人抓住之後必須嚴懲。」釋然憤憤地說。

戒緣師叔示意釋然不要生這麼大的怒氣，事情現在還只搞清楚一半，說不定最後的結果不是人們想像的那般。

店小二卻十分贊同釋然的意見，他說：「那天晚上我們把這兩個人抓了現形後，狠狠地打了他們一頓。有人提議應該送交官府，但我們這山村距離官府所在地實在太遠了，最後大家不得已還是放了他們。但願他們從此之後不要再危害其他人。」

「阿彌陀佛。」戒緣師叔雙手合十說，「施主，你們做的事情是對的。此時放人一條生路，便是給自己修的菩薩心。」

釋然張口想說什麼，卻被戒緣師叔的這句話給打住了。他有點想不明白，為什麼就不能懲罰壞人，難道吃齋念佛後就要容忍這世上的所有不平？釋然雖然沒有歷經過大事件，但他有自己非常明確的是非觀。與此同時，他也隱隱間覺得，店小二口中說的那兩個人和他們在山上遭遇到的劫匪非常相似。

戒緣師叔問店小二：「劉大戶家可丟失什麼東西？」

「沒有。幸虧我們發現的及時，要不然……」店小二搖著頭說。

「哦！沒有就好。」戒緣師叔歎了一口氣說，「既然這樣，不如就忘記了吧。」

「忘記？哪有那麼容易。」店小二絲毫不肯放鬆這口氣，「我們每家每戶可都捐了他說的功德錢，這難道還不算損失？」

「這為什麼不能算是功德？」戒緣師叔反問。

「師叔，那些錢是被騙走的。」釋然覺得戒緣師叔忘記了這個現實條件，因為錢最後落進了騙子的荷包，而不是放到寺院裡去供奉菩薩。

戒緣師叔看著釋然和店小二，隨後搖了搖頭，又笑著說：「你們拿出這些錢的時候，可想過最終是要送進騙子的荷包嗎？答案當然是否定的。**人生在世，瑣事難免，煩愁不少，能夠做到不較錙銖的人，才真正懂得什麼才是菩薩給我**

們在世間的考驗。你的慈悲心，你的功德心，都只在於你給予的那一瞬間。如果非要去計較自己的慈悲和功德是否得到了該有的歸宿，那你我等人豈不是在和菩薩做一場自以為是的交易？」

「可是……」店小二還想再說點什麼，「那也不應該平白無故地送給壞人啊。」

戒緣師叔指了指桌子上的空碗，說：「它來的時候不曾裝有什麼，去的時候也不必要帶走什麼。放下什麼，得到什麼，其實都是沒太大所謂的事情。只要記得，生活中你我都是空手來過即可。付出即是功德，得到便是慈悲，全在於己，何做他想！」

你的慈悲心，你的功德心，都只在於你**給予**的那一瞬間。

練習 18

不去在意他人的是非

——做好自己，才能真正得到快樂

當釋然和戒緣師叔兩人剛剛出現在這個村落時，王二小的眼光就鎖定了他們二人。有了上一次的經驗，王二小心中早就認為這一次或許同樣可以在這兩個出家人打扮的人身上撈到一些什麼。縱然上一次存在極大的僥倖成分，但王二小從來都認為世間所有的僥倖也都是一種必然。

戒緣師叔並沒有帶著釋然在村民家投宿，他說一來是怕打擾了村民的清淨，二來或許還存在更複雜的情況需要去解釋清楚。釋然也不多問，他知道，現在還不是打破砂鍋問到底的時候，一旦機緣到了戒緣師叔自然就會把所有的謎題都解開。當天晚上，兩人在村外找了一塊平地，利用手中的裝備和隨手都能夠找到的枯樹杈搭起了一個簡易帳篷。叔侄兩人兌著開水吃了一點乾糧後就鑽進帳篷中開始誦經，木魚聲和佛號在寂靜的夜中傳得很遠。

然而時間不長，兩人的誦經聲音被一陣窸窸窣窣的腳步聲打斷了。

釋然向師叔使了一個眼色，示意他帳篷外面肯定有人在偷窺他們倆。戒緣師叔依舊盤腿坐在地上，好似連眼睛都懶得睜開。釋然不明何意，卻也不敢自己行動，他只得學著師叔的樣子故作鎮定，同時還把兩隻耳朵高高地豎了起來，以備有什麼意外發生時能夠以最快的速度做出反應。

聽到帳篷內木魚聲音的停頓，那個偷窺的人似乎意識到了情況有變，不覺把自己的呼吸聲音放得很輕。

「外面那位可是施主王二小？」戒緣師叔突然高聲說話。

帳篷入口處有一個黑影快速閃過，然後就看到白天在飯館給這兩位出家人找碴的那個人出現在昏黃的燈光下。唯一不同的是，此時的他看起來早已經沒有了白天的神氣，在這一老一少兩位出家人面前，王二小心中的祕密展露無遺。

「你……你怎麼知……知道是我？」王二小說起話來有些結巴，不知道是因為緊張還是其他什麼原因。

戒緣師叔大聲笑了起來，他並不準備回答這個問題，但同時又拋給王二小一個極為尷尬的問題：「施主，我們白天見面的緣分還不夠嗎？何必還要深夜來訪？」

很顯然，王二小心中有自己的小祕密，儘管被發現，但他十分確定這兩個出家人不會對自己怎麼樣。他很明白的是，這兩人必定和之前到村子裡騙取錢財的假和尚完全不同。但王二小此時還不想就這麼簡單地繳械投降，他決定要試一試戒緣師叔的水準。

「我說這位師父啊，我有個問題想要問你，得不到答案我今天晚上就睡不著。」王二小說起話來陰陽怪氣，「你說你是出家人，那麼你告訴我，什麼才是出家人？」

一聽這麼刁鑽的問題，釋然的腦袋當時就有些發懵。什麼算是出家人？釋然從來沒有考慮過這樣的問題。他早已經忘記了之前流浪的日子，那些痛苦的回憶被他塵封了起來。在釋然走過的歲月中，自始至終都是這樣一身灰色僧袍的穿著，從來都不需要去考慮究竟什麼才是出家人，以及出家人應該做什麼。在他看來，一切似乎都應該是命中註定好的，自己只是順著這樣一條路一直走下去，忘記了來處，也不必要去想終點所在。直到王二小把這個他遲早需要考慮的問題擺在了檯面上，釋然才意識到自己這些年所謂「出家人」的修行生活過得有多麼混沌。

戒緣師叔又輕輕一笑，稍微調整了一下自己的姿勢，回答說：「在我看來，一切皆空，連家都沒有，還談什麼出家人？貧僧不是什麼出家人，只不過是一個世外的行者罷了。」

王二小一愣，他顯然沒有預料到會得到這樣的回答。「那你為什麼當和尚？」王二小這一次的問話顯得極為粗魯且無禮。

戒緣師叔並不生氣，他依舊慢慢地說：「施主，或許我應該給你講一個故事。當年有一位弟子問達摩祖師：『如何才能變成一個令自己愉快的同時也能帶給別人快樂的人？』達摩祖師笑答：有四種境界，你可體會其中的妙趣。首先，要把自己當成別人，此是『無我』；再之，要把別人當成自己，這是『慈悲』；而後，要把別人當成別人，此是『智慧』；最後，要把自己當成自己，這是『自在』。施主，你問了貧僧兩個問題，貧僧也借這個機會問問你，不管你出不出家，你摸摸自己的心，快樂在哪裡？我不相信的是，你即便從帳篷外面偷聽到了我們叔侄的誦經，就能夠找得到屬於自己的快樂。我不相信的是，你即便把那兩個假僧人的陰謀揭穿了，甚至從劉大戶手中得到了十分可觀的一筆賞金，你就能找得到自己的快樂所在。你問我什麼才是出家人，我要問你的是，什麼才是你要的快樂。」

「這個……」面對戒緣師叔的咄咄進逼，王二小早已經沒有了還手之力。

「王二小，**你在還沒有做好自己的時候，就這麼費盡心力地去關心別人的**

是是非非，是不是有些不妥？」這一次，戒緣師叔問話的口吻終於顯得毫不留情，「你是把自己當成了別人，還是把別人當成了自己呢？施主，貧僧只為你奉上一句話，找回你的心吧。」

王二小聽到了這裡，頭也不回地離開了帳篷。

釋然抬頭看了看戒緣師叔，正要開口問這一結局究竟意味著什麼。戒緣師叔卻只是示意釋然繼續剛才沒有誦讀完的經文，不論何時，都不應該怠慢了自己的信仰。

當木魚聲再次響起，山村的夜顯得更加靜謐。

練習 19

偶爾跳脫出來看你的人生

——平凡生活中充滿你意想不到的驚喜

釋然是聽著鳥叫起床的。

出門在外不同於寺院中有固定的作息時間，釋然也正在慢慢習慣睡到自然醒的狀態。儘管如此，長年日出而作日落而息的生活規律讓釋然形成了無法更改的生理時鐘。儘管已經有鳥兒早起覓食，但天色其實才剛濛濛亮。釋然翻了個身，卻發現戒緣師叔並不在帳篷內。

等釋然收拾利索從帳篷中走出來後，才發現戒緣師叔正背著手站在高崗處遙遙遠望著前面的村落。恍惚中，釋然聞到了炊煙帶來的香氣，這讓他的肚子又開始打鼓。

「師叔，你在做什麼？」釋然好奇地問。

戒緣師叔搖了搖頭，歎口氣說：「我在考慮，要不要走進村子，還是應該繞道而行？」

「繞道？」釋然想不通戒緣師叔怎麼會突然產生這樣的想法。他雖然沒有出過大山，但從眼下的行程來看，他們正走過的小路是唯一一條出山的道路。如果繞道，恐怕不知道還需要在這群山之中走多久的彎路。眼看著山外的世界就在一步之遙，釋然不願意再多等待了。

戒緣師叔不自覺地又歎了口氣，似乎心中掩藏著許多難以訴說的憂愁。「惟願佛法無邊，普度眾生是岸。」他背對著釋然，打了一句暗藏玄機的禪機。

正當釋然不知道該如何答話的時候，他忽然看見從小路上走過來一個人，那熟悉的身影頓時讓釋然產生了一種不好的預感。來人並非旁人，正是讓釋然和戒緣師叔感覺到如骨鯁在喉的王二小。誰也不知道他一大早就又跑來帳篷這裡做什麼，看他滿頭大汗的樣子，應該是有什麼要緊的事情要處理。

「王二小，你又來做什麼？」戒緣師叔喝聲問道。

王二小停下腳步，擦了擦汗，這才開口說話：「師父，我今天特意一大早就過來，主要就是為了一件事情。我來為我昨天晚上的冒昧道歉。」

釋然倒真的沒有想到會有這樣的結局出現。他雖然對這個村子中曾發生的事情並不是很瞭解，但從王二小的一言一行中也可以看出來，他和戒緣師叔兩人在這裡並不是很受歡迎。也難怪剛才戒緣師叔說想要選擇另一條出山的路，看來他似乎也感知到了些什麼。釋然不相信這世上還有不信佛法的地方存在，如果村民們真的不信，又怎麼會願意捐出那些功德錢而被騙呢？但王二小的一言一行，偏偏又成為阻斷釋然心中正念的一塊巨石。跨越不過去王二小的障礙，就永遠連接不起村民和佛法兩者間的橋樑。

「王二小，何必呢。該放下的就放下，何須執迷。」戒緣師叔似乎不為王二小的誠意所動。他說這句話的時候，口氣聽起來冷冷的，像是要凍結剛剛暖和起來的初春。

「師父，昨天晚上我回去後，一宿沒有睡覺。我想清楚了，你們和那兩個騙子不一樣，我不該懷疑你們，更不應該用那種口吻對你們說話。師父，我這次主動來找你們，是真心悔過的。」王二小說這句話的時候滿臉真誠。

戒緣師叔伸手把王二小拉了上來，讓他站在自己身邊，一起眺望著村莊的方向。釋然趁機也急忙跑過去，想要一探其中的玄機。

戒緣師叔終於笑了出來，他指著村莊問王二小，舉目遠望的時候他看到了什麼。王二小抬頭看了看，得出來的答案和釋然一模一樣。他說他看到了村莊中升起的炊煙，平時身居其中或許並不在意，等到站在遠處去看的時候，才發現這看似平凡的生活其實充滿了令他們意想不到的驚喜。

戒緣師叔順著王二小的答案繼續問下去，說：「人生路上，難免要經受一些磨礪、經歷一些風雨、遭受一些誤解、受到一些傷害，可你要知道，它們永遠不會把你怎麼樣。在我看來，**任何的後悔與道歉其實都不能夠解決問題。當你站在事外再去看的時候，或許，風景便大不相同了**。俗話說得好，煩惱天天有，不揀自然無。王二小，你可明白其中的道理？」

聽到戒緣師叔這麼問，王二小剛要著急回答，卻又好像發現了哪裡不對。他深深地呼吸了一口清晨略微濕潤的空氣，任由春天的味道從鼻腔一直延伸到身體最深處，像是要把整個人都融化在晨風中。「師父，如果我想從現在有一個新的開始，你說可以嗎？」王二小的話寓含著更多沒有說明白的含義。

戒緣師叔點了點頭，卻看向了釋然。這可讓釋然著了慌。釋然哪裡敢去回答這樣的問題，他自己都還沒有找到開始的方向，哪裡有那麼高的情懷去指引他人的人生選擇。更何況，王二小在年紀上要比釋然大十幾歲，而且釋然這些年一直都住在寺院裡，根本沒有接觸過外面的世界，更沒有思考過什麼重新做人的問題。單單以人生經歷來論，怎麼看都應該是王二小給釋然講做人的道理，而不是讓戒緣師叔把這樣的問題拋給他。

看著釋然慌亂的樣子，戒緣師叔哈哈笑出了聲音。他說：「人生中啊，你永當下站在你身邊的，就是最值得你擁有的。

遠都不知道無常和幸運哪個會作陪在自己身邊。你唯一需要明白的是，當下站在你身邊的，就是最值得你擁有的。王二小，以後的事情太遙遠了。你越固執，就會越難過，痛苦也就會無限期地延長。人啊，不如睜一隻閉一隻地過日子，不那麼清楚也不那麼迷糊，卻難得恰好的糊塗。有些事，問的清楚便是無趣。是做一個無趣的人，還是做一個糊塗的人，就看你自己的選擇嘍！」

戒緣師叔說完，面對著太陽初升的方向，靜待著第一縷霞光照耀到眼前的世界。待到萬物蘇醒的時候，或許也將迎來每個人心中的一場重生。

練習 20

給過去的自己一個釋懷的微笑
——時光不能倒流，人生無法走回頭路

王二小有一個不曾和任何人說過的祕密。當著這兩位出家師父，此時他卻有了訴說的衝動。

若不是數年前的那場變故，王二小也不會對那兩個假出家人如此憎恨。村子裡的人們都知道，王二小曾是一個積極向上的有為青年，他有一個貌美如花的媳婦，還有一個剛呱呱落地的孩子。這一切看起來是如此美滿，令人羨煞。

但上天總是要嫉妒人世間的這些幸福生活。王二小媳婦生下孩子後不久，也不知道是什麼原因，就像是中了邪一樣，嘴裡整天念念叨叨，孩子也不管了，甚至她自己都不知道梳洗打扮，乍看上去就像是個瘋子。

後來，村子裡的老人提出建議說，王二小媳婦怕是中了邪障，需要請廟裡的師父來誦經祈福，才能把那些不該有的東西給送走。此時也只能病急亂投醫，王二小急急忙忙帶著媳婦到村子裡的佛堂去拜佛。他不知道到哪裡去找出家師父，

只能把所有的希望都寄託在泥塑的菩薩身上。

但事情最後的結果並不如所有人的預期。王二小的媳婦最終抱著孩子，趁所有人都沒有防備的時候，跳了山崖。等找到屍體時，王二小似乎在一瞬間老了十多歲。

自此後，人們再也見不到那個兢兢業業的王二小了。酒精成為他混混度日的唯一用品。剛開始，人們還有些可憐這個浪蕩青年。但隨著時間的流逝，再沒有人會把這不幸的遭遇同王二小現在的不爭氣聯繫起來。當初的惋惜，也多變成了憎惡。若不是前些日子王二小發現了那兩個假僧人的陰謀，人們恐怕早就忘記了他的存在。

自從當初在佛堂拜菩薩沒有如願後，王二小對佛法更加不相信了。現在的他，只相信酒精，相信這種可以讓自己暫時忘卻所有煩憂的東西。怎奈一覺酒醒後，世間的一切都沒有改變。他依舊不得不面對本來就已經十分艱難的生活。

現在，王二小把深藏在心中的故事都講了出來。他長長地出了一口氣，就像是放下了一個很大的包袱。他看著早晨初升的太陽，禁不住要落下淚來。

戒緣師叔輕輕地拍了拍王二小的肩膀，像是在給他安慰，又像是在給他鼓勵。「王二小，有些事情，我想你不是不願意去忘記，而是不敢去面對。你覺得我說的對嗎？」

王二小沒有正面回答戒緣師叔的問話，他稍微遲疑了一下，說：「師父，或許並不是生活辜負了我，而是我辜負了這大好的生活。真的，我第一次見到你們兩人的時候，心中就有一團發洩不出來的氣。自從我媳婦的那件事情後，我再不相信什麼普度眾生了。如果佛法真是如此，為什麼卻不能拯救我的媳婦和孩子。」

看著王二小悲從心來，原本想要講一番大道理的戒緣師叔張了張口又閉上了。他知道，此時越是講那些道理，就越會讓王二小反感。他需要的不是誰給他指引，而是能夠找到他自己心中的信念。**很多時候，信仰並不是為了要讓人們成就某種更為高尚的品格，而是能夠讓他們去正視生活中的一切，包括喜樂和哀愁。**

「釋然，你出家這麼些年，後悔過嗎？」戒緣師叔突然轉移了話題。

釋然一愣，他從來就沒有考慮過如果自己不出家，現在究竟會是什麼樣的狀態，因此也就不存在是否後悔這一說法。對於這樣的問題，他根本就沒有辦法回答。

「**生活啊，在我看來就是一趟簡簡單單的旅程。從來就沒有絕對的得和**

失，每一回的因和果都是一種互動，捨和得更是人生中不可缺少的妙用。釋然，你能做到不想因果不念得失，便是具足了一定的修行啊。」

聽到戒緣師叔誇自己，釋然心裡自然是美滋滋的。但他知道，師叔明明是話裡有話，而且這句話也肯定不是說給他聽的。當釋然扭頭去看王二小的時候，才發現這個中年漢子的臉上早已經被露水打濕。就像是清晨吸足了養分的嫩草一樣，此時的王二小似乎也正煥發出另一種精神狀態。

「王二小，你對自己現在的狀態滿意嗎？」戒緣師叔問到了王二小的痛處。

王二小搖搖頭，心中有千言萬語，但一時間又不知道應該從哪裡說起。他花了好長時間才在臉上露出微笑來，最後貌似下了很大的決心，說：「或者，我應該給自己一個微笑了。畢竟，人生沒有回頭路可以走。」

戒緣師叔點點頭，表示十分贊同王二小剛才的這句話。「年輕人，你們經歷的這一切，都是自己的收穫。不管我們曾經走過多少磨難，最起碼，現在的你不會再去辜負生活給予我們的微笑。時光不會倒流，每個人的一生都不能走回頭路。無論是男是女，終將被無情的歲月沖刷掉風韻、磨去棱角。何必為了外物悲喜，真正能夠守住內心的人，才不會在生老病死面前丟了自己的魂魄。人生不悔，便是要讓自己的每一天其實都充滿了存在感。」

聽到戒緣師叔說到這裡，王二小突然轉過身來。釋然看到他的眼中噙滿了淚水。也不知道為什麼，釋然隱隱覺得經過這一次事情後，他們兩人和王二小之間的緣分是再也剪不斷了。

練習
21

忘掉不愉快的事情

——再多的理解，也比不上自己的遺忘

有一個問題藏在釋然心中很久了，今天終於被王二小問了出來。「戒緣師父，在民間流傳一句話叫『瘦道士胖和尚』，而且我也真的發現出家的僧人中身體比較富態的人居多。雖然戒緣師父你並不算是很……胖，但……」王二小的話說到這裡時，他發現釋然正在使勁向他瞪眼睛，嚇得他急忙打斷了話頭。

其實，戒緣師叔並不屬於太胖的僧人，只不過當把他放到普通人的行列中時，戒緣師叔的身材馬上就能凸顯出來。由於常年習武，他早就練就了一身虎背熊腰的模樣。又加上能吃能喝，自然就顯得胖大許多。面對王二小的疑問，戒緣師叔接下來的回答完全出乎了釋然的意料。

「我心裡不裝事，自然也沒有負擔，所以身上的肉就沒有壓力地瘋長，你說，我能不胖嗎？」戒緣師叔的回答帶有一些調侃的味道。

釋然偷偷笑了笑，心中暗暗思忖，如果真的如同戒緣師叔這麼說的話，那天

底下心中沒有煩惱的人們豈不是都要長成大胖子了。不過這樣的念頭他只能在自己的心中一閃而過，即便是借給他十個膽他也不敢講出來。

「王二小，我來問你，人活著這一輩子是為了什麼？」戒緣師叔問。

王二小抓耳撓腮，好幾次欲言又止。最後，他不得不承認，說自己活了這麼久其實根本就沒有認真考慮過這樣的問題，似乎每一天都只是在吃飯睡覺中度過。既然從來沒有考慮過人生之為人的意義和目的所在，自然也就不會想到自己的每一天究竟是如何走過的。當戒緣師叔再問他如何總結自己的這半輩子人生時，王二小再一次啞口無言。

不過戒緣師叔似乎早就預料到這樣的狀況了。他笑一笑，說：「王二小，其實你不是記不得自己的過去，而是忘不掉他人給你的傷。所以才會一次次地沉浸在過去的情緒裡，不明白現在的意義，更不懂得明天的期待。所謂心寬體胖，你的心到底有多寬廣，恐怕只有你自己才知道。」

聽罷這一席話，王二小不覺摸了摸自己的心口，彷彿是在用手指丈量自己心胸的寬度。

戒緣師叔繼續說：「你剛才也和我講了過去的那些苦楚，我能夠理解，但是我覺得有時候單單只是理解是沒有一點意義的。**再多的理解，也比不上自己的**

遺忘。在平常的生活中，沒有人能躲得過誤解，所以說更不必要耿耿於懷，躲不過愛，也躲不過恨，才需要我們一遍遍地提醒自己善於忘記，心地寬容，當寬則寬，當忘快忘，善待生活就是善待自己。不虐待自己，才是最好的療傷。你說呢？」

戒緣師叔最後又把所有的包袱拋給了王二小。同時，他也給釋然使了一個眼色。釋然瞬間明白了其中的道理，原來，並不是戒緣師叔不想幫助王二小繼續向著光明前進，而是不管哪一條道路，都應該是自己選擇的結果。**再多人的幫助，也決定不了自己邁出的一小步**。如此一來，所有的難題歸根結底還是需要自己去解決。只看你有沒有勇氣去面對一個最真實的自己了。

王二小點點頭，表示明白戒緣師叔話中的意思，但他卻又緊接著搖了搖頭，說：「戒緣師父，你說的這些道理其實我都明白，我只是不懂得如何去做。有時候即使很努力了，也總是換不來好的結果。這才是真正讓人懊惱的事情。」

戒緣師叔搖搖頭，歎口氣說：「王二小，你還是沒有明白什麼是放下。」

當寬則寬，當忘快忘，**善待生活就是善待自己**。不虐待自己，才是最好的療傷。

說畢，戒緣師叔指著旁邊一塊大石頭讓王二小去搬起來。王二小試了試，石頭並不是很沉，稍微用力便可把石頭抱在懷中。他轉頭看了看戒緣師叔，想要探問下一步該怎麼做。沒成想，戒緣師叔正在和釋然聊得起勁，似乎早已經把王二小抱著石頭的事情給忘到九霄雲外了。王二小先後幾次想要插話詢問戒緣師叔為什麼要讓他抱著這塊石頭，結果每一次都被戒緣師叔有意無意地給忽略了。

當王二小實在累得再也抱不住石頭的時候，他終於一鬆手把這塊大石頭拋在了地上。

戒緣師叔聽到聲音後，回頭看了看，慢慢地說：「怎麼不抱著了？」

「累！」王二小一邊擦汗一邊氣喘吁吁地說，「再也抱不動了。」

「現在知道累了？那為什麼不早點放下？」

「我怕你不讓。」

「我什麼時候說過不讓你放下了？這只不過是你自己心裡的一廂情願罷了。」戒緣師叔說起這句話的時候，絲毫沒有想過要給王二小留一點情面。

「我……」王二小一時啞口無言。良久，他的臉上不自覺地浮現出一絲笑容，似乎明白了什麼奧祕。

練習
22

不逃避生活上的難題

——難行的路，也是人生旅途中的風景

或許，在王二小提出這個問題之前，戒緣師叔早就已經有所預料。王二小說，他想跟著戒緣師叔和釋然一起去行走外面的世界，他說他完全可以放得下自己現在的生活。更何況對王二小來說，他所謂的現狀其實也不過如此。釋然對這件事情相當興奮，能夠在旅途中多出來一個夥伴，總是值得慶幸的好事情。但戒緣師叔卻沒有表明任何態度，這讓王二小有些著急。

戒緣師叔問王二小，是否真的願意就此離開這個村子時，他明顯看到了有一絲猶豫的神情在這個中年漢子的臉上閃過。或許只需要這一刻的猶豫，戒緣師叔就能夠知道，大概王二小的緣分還沒有到來。「王二小，我問過很多人同一個問題，就是『你的心在哪裡』。**一個人如果不知道自己的心在何方，那麼他在世間的任何行走都將會是茫然的。**一條沒有了航向的船隻，最終只會迷失在大海上。」

王二小卻已經不願意再局限在這麼簡單的問題上進行思考了。他說他比任何人其實都更明白自己當下的處境如何，也只有自己才是自己最知心的人。所以當他決定向戒緣師叔提出來要隨同他們而去的時候，早已經和自己做過了一番心裡掙扎。

也許，只有走出去，才是脫離現在苦海的唯一方法。而這一點，恰恰遭到了戒緣師叔的反對。

聽這裡的時候，釋然也聽出了其中的味道。王二小大概正是因為覺得自己已經處在生活的谷底了，再沒有沉下去的可能，所以才想要有一次觸底反彈。但其實他並沒有從內心深處明白自己真正想要的是什麼，如此一來，跟隨著他們兩人去行腳很有可能會成為他逃避生活的一種方式。但生活從來都不是用來逃避的，**我們每個人都有自己在世間的遭遇，所有的遭遇其實都是一種隨喜。不懂得隨喜的人，恐怕也很難會遇到生活中的歡喜與美好。**

戒緣師叔這一次的做法完全出乎了釋然的意料。

當耐心地聽完了王二小的解釋後，戒緣師叔滿口答應了王二小的請求。戒緣師叔在王二小的肩膀上拍了拍，說：「王二小，人生，既不是人們想像的那般好，也不是大家認為的那麼壞。人生最大的快樂不在於佔有什麼，而在於追求的過程。在人生跑道上，有人用心欣賞風景，有人努力讓自己成為風景。**人人都希望追求到美好，但真正的美好其實是不斷的探索和對現實的知足**。我不是什麼神仙，也不可能知道你未來的人生路將會遇到怎樣的風景，但是我期望的是，不管什麼時候，我都希望你能夠有面對當下和勇於探尋新未來的勇氣和態度。王二小，你說我的話對嗎？」

王二小聽完了戒緣師叔的話，當即楞在原地。他不相信在這個世界上還有人能夠一語道破他心中的想法。這麼些年來，王二小的心中一直都隱藏著一個小小的衝動。他想要去去闖世界，但又不確定自己是否有足夠的能力去面對紛繁複雜的世界。那一場悲慘的人生遭遇幾乎讓他喪失了對生活的所有信心。或許，他自己也不是很清楚究竟從戒緣師叔的言傳身教中感悟到了什麼，但冥冥中自有一種吸引力在指引著他一直往前走去。或許，這就是大家說的緣分。

「王二小，我們出家人常說不論做人還是做事都要有隨緣之心，人生百事只有把隨緣當做平常後，才會更加從容和灑脫。我們講了太多對世人的慈悲，往往最終忘記對自己的知足，對世事的因果，對現狀的忍讓，對人生的修行，忘記的是質樸的自己和最原始的修行。也曾有人問我為什麼要修行，我當時回答的是明理，人只有在明理後才會感覺到快樂。當你的心更純粹時，才能夠在最簡單的生活中覺察到足以讓人們感恩的溫暖。但現在我要對你講的最重要的一句話是，**所有的修行，其實都是沒有任何目的。你所有的智慧，並不是源于你異常豐富的生活經歷，而是你在歷經了如此多的故事後，還有勇氣做回最純粹的自己。**隨喜往來世間，不貪不戀人生，才是一場真正的修行。」戒緣師叔的這一番諄諄教誨，隱隱中在向王二小暗示著什麼。

當王二小還在思忖這段話中的深意時，釋然急忙向他使了一個眼色，告訴他這就代表戒緣師叔默認了王二小剛才的請求。戒緣師叔剛才這麼一大段意味深長的話，分明是在暗示他願意收王二小為徒，願意以自己的修行來度化王二小走向人生的正途。

當釋然在王二小耳朵邊上悄悄地把這一層意思表達出來時，王二小激動地跪在地上給戒緣師叔磕了三個響頭，並高呼師父，伏地不起。

戒緣師叔笑著把王二小攙扶起來，柔聲說道：「好徒兒，為師就賜你法名釋道，以後的人生道路可就要用心去走了。」

釋然急忙上前，幫著戒緣師叔把王二小攙扶起來，他趁機在王二小耳朵邊嘀咕了一句說：「釋道師弟，以後你可要天天喊我師兄了。」

釋道和釋然對視了一下，彷彿久別重逢的兄弟般莞爾一笑，勝過萬語千言。

練習 23

學習從容面對生活中的煩惱

——凡事順其自然，才是向前行進的態度

「師叔，我們究竟什麼時候才能停下來歇一歇？」久藏在釋然心中的疑問再一次被提出來。這一行三人離開山村已經有好些日子了，前路依舊只是曲曲折折的羊腸小徑。釋然眼巴巴望著的外面世界究竟是什麼模樣，可到現在仍然只是一場夢境。

其實，不用戒緣師叔回答，釋然自己也能想到這樣的問題會得到什麼樣的答案。但年輕人呀，有幾個不是心浮氣躁的。雖然釋然在廣緣寺修行了很長年頭，但一個人的修行程度如何，是沒有辦法和他住寺參禪的時間畫上等號的。

因為釋道是剛剛隨著這兩位出家人行走，釋然也就理所當然地認為自己是先入佛門的師兄，是可以對這位新師弟「指手畫腳」的。但只需要幾天時間的接觸，釋然就明顯感覺到自己其實在很多方面都比不上這位新進的大師弟。戒緣師叔說，生活給了我們大家各自的修行法門，只有那些妄自尊大的人才會傻乎乎地

找不到自己的路。人啊，這一生都是在忙著奔向各自的修行路，不論是在佛門還是在俗家，懂得一直行走的人，才真正懂得不斷地去探知和求索，才真正能夠一步步地接近最真實的自己。

這世上，沒有人比你自己更清楚自己了。

「釋然啊，你只管向前就好，何必非要去關心終點在什麼地方！」戒緣師叔回答說，「人這一輩子，終點永遠只有一個，沒有人會例外。生生死死不重要，重要的是你如何走好腳下的路。」

「腳下的路！」釋然抬頭往前看了看，說：「這路啊，還不知道有多長呢！」

「知道有多長又能怎麼樣！你不還是一樣要一步一步地往前走麼！」戒緣師叔反問的語氣讓人無法質疑。

釋然只是歎了口氣，扭過頭來看了看戒緣師叔和釋道兩人，沒有再多說話。

釋道和戒緣師叔對眼笑了笑，跟在釋然後面一直向前走去。

就在道路的拐彎處，有一棵大柳樹斜斜地從懸崖上翹出來，遮蔽住一半的道路。也不知道釋然心裡在想什麼，如果不是釋道提醒，釋然很可能就一頭撞在那粗壯的樹幹上了。

回過神來的釋然長噓一口氣，一邊為自己及時反應過來而慶幸，一邊卻又在心中冒出了一股無名火。他一腳狠狠地踢在了樹幹上，本來還想要再咒罵兩句，可話還沒出口他的左腳就被樹幹硬生生地擋了回來。大樹並沒有因為這一腳而撼動絲毫，釋然卻疼得一屁股坐在了地上，齜牙咧嘴地露出一臉痛苦狀。

已經半躺在地上的釋然向身邊的兩個人伸出雙手，希望他們倆能拉自己一把，卻沒有想到這二人早已經笑得前仰後合。剛剛還滿臉痛苦的釋然一下子變成了即將要發怒的老虎，他齜牙咧嘴，卻又不敢對戒緣師叔以及他剛剛收下的徒弟說什麼。無奈之下，只能忍氣吞聲，自己又扶著那棵大柳樹站了起來。

「釋然師兄，你說你是應該怨恨這棵柳樹呢，還是應該感謝它？」釋道問。才跟著戒緣師叔行腳沒有幾天，釋道話裡話外就已經透著禪機了。

釋然忿忿地說：「感謝？我為什麼要感謝這棵擋住了道路的樹呢？」

「如果剛才沒有它的幫助，你能自己站起來嗎？」戒緣師叔試圖點化這個冥頑不化的小和尚。

「哼！要是沒有它，我也不會摔倒。」釋然嘴上仍舊不肯服輸，但他心中很明白，自己會不會摔倒根本就和柳樹無關。如果不是因為怒火上升，他又怎麼會去踢那一腳；如果沒有這一腳，自己又怎麼會摔倒呢？歸結到根源，還是自己的原因。釋然突然想起了臨行前師父和自己說的一句話。師父說，**只有學會從容地面對生活中的煩惱，有些事情順其自然地放任而去，才是生命不斷向前行進的態度**。其實當時釋然根本就不明白師父在講什麼，對他這個年紀的孩子——雖然他已經舉行過成人禮，但不論是在師父、師叔眼中，還是在釋然自己眼中，他們從來都沒有認為這個在廣緣寺住了好幾年的小和尚已經是成年人了——去談生命的概念，恐怕還為時過早。

如果釋然能僅僅因為這一次摔跤而參透了生命的真諦，那他可真算得上是得了大智慧。但佛祖的智慧又哪裡能夠這麼輕易地傳給下一代子孫呢！戒緣師叔比釋然更明白這樣的道理。所以他也不急於去引導釋然一定要達到何種高度的開悟。他更希望釋然能從生活中遇到的每一件小事開始改變，不論是溫和還是堅強，無所謂是敬畏亦或者真誠，對釋然來說，走過這一次，從行走中去發現自身力量所在，這比所有的言語教導都更可貴。

「釋然！」戒緣師叔說，「不論你是感謝這棵樹還是憎惡這棵樹，其實所有的種子都是從你內心滋生。你再問問自己，是該蹲坐在這棵樹下怨恨或者感恩，還是應該拍拍塵土往前趕路？」

這一句簡單的問題，讓釋然頓時解開了心結。生活，本就在於向前。只要你一直行走，又何必在乎中途會經歷什麼曲折，還何必要再去考慮終點究竟在何方。命運只掌握在自己手裡，怨恨和歡喜，不同的念頭，造就著不同的緣。

釋然轉臉嘿嘿一笑，像是又回到他第一次遇到師父時的模樣。那時候的釋然，雖然幼小且懵懂，卻有著無法預定的未來。那時候的釋然，儘管也曾歷盡劫難，卻從來都沒有喪失對生活的熱忱。正如現在的他，正在一步步向著心中的希望，無限靠近……

命運只掌握在**自己**手裡，怨恨和歡喜，不同的念頭，造就著不同的緣。

練習24

不操心下一步該怎麼走

——重要的不是明天，而是讓自己適應今天的一切

一年四季的變化也真是奇怪，明明是一樣的時節，山上山下的景致卻完全不同。在山上有時候明明已經是春天了，卻突然來一場白雪，讓歡喜著快要進入夏季的人們兀自又多了一些感歎。而有時候明明早起還很冷，太陽一出來，不消兩個時辰就讓人感覺到似乎直接從春天過度到了夏天。在廣緣寺的時候，最讓釋然無法忍受的，便是對天氣的捉摸不定。

釋然和戒緣師叔兩人從山上下來的時候，雖說已經到了春天的時令，但在山上依舊還要穿著夾襖夾褲，彷彿溫暖的日子仍然遙遠。可現在他們下山還沒有多久，釋然已經迫不及待地想要把身上的單衣脫去了。戒緣師叔警告釋然說，春捂秋凍，切記不要被寒風眷戀上。可釋然現在早已經滿頭冒汗了，他找了一塊乾淨的石頭坐下來，掏出水杯喝了一大口水，邊擦汗邊向前張望，眼神中透露出對下一處休息地點的渴望。

眼見釋然已經走不動了，戒緣師叔示意釋道也坐下來休息一下。

稍稍平息後，釋然突然懷念起山上的時光來。他說：「現在想想，其實還是山上好。冬天冷了可以圍著火爐坐，師兄弟之間鬥嘴也很有趣味。夏天也不是很熱，春秋氣溫不定的時候還可以隨時增減衣物。哪裡像我們現在，這一路上不知道要冷熱多少次呢！」

「是啊，你我現在的處境哪裡能和山上相比呢！」戒緣師叔話中的意思像是十分認同釋然剛才的話。「你認為呢，釋道？」

聽到師父問自己話，釋道放下手中的水杯，轉頭回答說：「師父和釋然師兄兩人的話都對，也都不對！」

釋道這一個雙關語激起了戒緣師叔的興趣。他笑咪咪地追問說：「此話何解？」

釋道不急不徐地回答說：「雖然我沒有到過廣緣寺，但我能想像在那裡修行是一種什麼樣的生活狀態。我自知跟隨師父時間還短，還沒有資格去談修行，但生活理應也是一樣的道理。我以前在家的時候，總是這山看著那山高，認為別人手中的東西都比自己的金貴。其實等你翻過腳下的山、做完手中的事後才會發現，**天底下的山大致都一樣，人世間的事也大抵都差不多。相反的，真正千差**

萬別的是我們自己的那顆心罷了。」

聽到釋道這一番相當有見解的回答，戒緣師叔不禁微微點頭。剛剛還有些怨天尤人的釋然也很快平靜了下來，他隱隱意識到，自己歷經數年深山老林的修行生活和釋道這麼多年在人世間的打拚經歷根本就無法相提並論。更何況，他又和釋道在年歲上差出許多，在很多問題的認識上自然也達不到相同的深度。

讓戒緣師叔十分欣慰的是，聽完了釋道的回答，釋然並沒有急著去反駁或者去闡述他那些常常自以為是的見解。相反，釋然卻很謙虛地繼續向這位新師弟討教起來。「匆匆來，匆匆去，人生大概就應該是這樣。可是這都是你們口中的人生，師父這樣說，師叔這樣說，如今師弟你也這說，或許這是對的，可是我的人生誰又能確定一定就是這樣？」

戒緣師叔聽後，並沒有回答這一問題。他順水推舟又把問題拋給了自己的新徒弟，大概在這一推一送中更有深意不可言說。

釋道想了想，回答得有些不堅定：「我也說不太好。但我總覺得，過去的我和現在的我不一樣，我也相信未來的我和今天的我肯定不一樣。可具體哪個好哪個壞，恐怕沒有辦法評判。過去我做了很多不應該做的事情，但那時候我並不覺得自己錯了。其實，人生路不是平坦到底，十難九磨，彎彎折折，岔口分路，誰又能斷言你未來的走向？現在跟著師父和師兄你們二人，我也算是半個修行人了。**不管未來如何，我能夠做好現在的自己，是好是壞自己知道，是冷是暖自己明白，這就已經足夠。**」

釋然點點頭，似乎明白了一些。人生的道理或許根本就沒有多麼複雜，就像是陰晴難辨的天氣一樣，如果你不知道下一刻是什麼樣的天氣在等待著，那不妨就隨著不同的氣溫來調節自己的穿著。人啊，重要的往往不是你如何去規劃明天，而是你如何讓自己更加適應今天的一切。

戒緣師叔看著自己身邊的這一對師兄弟的一問一答，臉上不禁浮現出微笑。一個是初出茅廬的釋然，一個是剛剛改邪歸正的釋道，戒緣師叔本怕他們兩人在接下來的路上會惹起一些無名爭端，現在聽了兩師人的對話，他心中那塊重重的石頭也終於可以落地了。戒緣師叔站起來，向著西方深深一躬，口誦佛號，說：「釋然，釋道，你們二人，若有一天能參透自己名字中的玄機，也便是悟得明白的時候。不論前方如何，所謂生活的智慧，不僅僅在於明瞭當下路的轉向，還要

人啊，重要的往往不是如何規劃明天，而是如何讓自己更加適應**今天**的一切。

做好準備，用一顆安然的心，漂泊在這亂花迷眼的世間，不滯留，不貪著，不迷失。遇到好壞，都能釋然；不論好壞，都能循正道而行。那才是一個真正的修行人應該做到的本分啊！」

「多謝師父（叔）提點。」釋然和釋道二人同時站了起來，雙手合十謝過眼前這位歷經歲月滄桑的老者。

或許，在戒緣師叔的內心深處，也同樣有冷暖自知的感慨。只不過，當下春正好，此時不行，更待何日？

練習25

接受自己的不完美
——成長，從你包容自己的那一刻開始

世間的事，或許正如眼前的路，你永遠都不會知道下一個拐角後會遇到什麼樣的風景。沉浮如潮，悲歡輪轉，有人開懷而笑，有人唉聲歎氣。但這一切也都不過是取決於你如何面對生活給予我們的一切。不論以何種姿態面對，改變的不是命運，而是我們如何在當下的命運中活出更好的自己。

釋然終於不再喋喋不休地追問到底何時才能走出大山的包圍，他知道自己每一次問話得到的答案都是一樣的。看著戒緣師叔對自己的疑慮不予置評，釋然心中也曾鬱結過。但後來發現，**其實不論自己如何糾結這一問題，問題從來沒有因為他自己的喜好而變得更加容易解決**。既然如此，那為什麼還非要把這些令人迷惑不解的事情天天放在心上？

有些事，往往你越是在乎，也就越找不到合適的出路。偶然有一天當你放下了，才會發現原來一切都是海闊天空。只因身處迷城之中，永遠都找不到出口。

殊不知，最好的出口就在於你回頭按照原路返回的時候。

和釋然恰恰相反，釋道從來都沒有開口問過他們這一行到底要去向何方。這反倒讓釋然對釋道的心理狀態產生了濃厚的興趣。每一天早晨，釋然都會愁苦於茫茫前路；每一天晚上，釋然也都會抱怨睡得不夠踏實。但不管釋然說什麼，釋道總是在默默地做事情，支帳篷、劈柴燒火、煮飯煮水……有一次釋然悄悄地問釋道，難道他從來也沒有感覺到這一趟行程有任何艱難的地方嗎。釋道的回答讓釋然一時語塞，他說，管它艱難不艱難，你都是要繼續走下去的。

「其實，之前在家的時候，我因為家中遭遇的一些變故而對生活幾乎徹底失去了希望。那時候活著對我來說就是每天吃飯睡覺，除此外再也找不到任何有意義的事情了。」釋道終於忙完了手中的活計，和釋然一起坐在火堆旁邊等待著水燒開。「有一天我問師父，為什麼也總不見他發過脾氣。師父回答我說，人生都已經過到下半輩子了，著急什麼，放慢一些心態，命運總會給予你應該得到的所有。」

「著急什麼？」釋然笑了一下，略微帶有一點輕蔑的味道，「我倒是不著急，可也不能每天這樣茫然沒有目的地走路啊！」

釋道卻反問了一句：「釋然師兄，那你的目的地是哪裡？」

「這……」釋然語塞了。自從和戒緣師叔從廣緣寺下來的那一天開始，他們就一直保持著在路上的狀態。自己曾一次次地問師叔究竟目的地在何方，師叔卻從來沒有給過他明確的答案。如今釋道這麼一問，終於讓釋然開始在內心深處進行自我反省。也許自從他決定離開的那一天起，就從來沒有認真考慮過終點的問題。然而一個連自己的終點方向都不清楚的行路者，又怎麼能夠把這一趟行程走得安穩！當初釋然曾用這樣的質疑來衡量戒緣師叔此行的對錯，到頭來才意識到，原來一切答案都在於自己。

這一夜，釋然再無話可說。當他躺在帳篷中輾轉反側的時候，過往的許多記憶湧上心頭。雖然在廣緣寺過著清貧的生活，但每一天的點點滴滴都能讓釋然體驗到苦辣酸甜。再和如今的行程作對比，釋然豁然發現，雖然每一日遭遇的人和事情不同，但自己始終會因為不同的遭遇而產生情緒上的變化。下山行腳已經這麼長時間了，釋然驀然發現，自己還是原來那個不懂世事的小和尚。

成長，到底在哪裡？

這一夜，山風也似乎安靜下來。偶爾的蟲鳴，更讓釋然的思緒進入到了幽深的境界。他一次次地反省，又一次次地對現在和未來進行著期待。一個人的心再大，即便裝得下天地，也不見得能夠看得見自己。

很多時候，不在於我們歷經過多少世事之後才會成長，而在於你的心中是否容得下那個尚且不完美的自己存在。

早晨醒來後，戒緣師叔習慣性地到帳篷中去喊還在睡懶覺的釋然起床，沒成想自己卻撲了個空，就聽見從不遠處的小徑上傳來一陣輕快的歌聲。不用回頭看，戒緣師叔就知道那一定是釋然。只是他還不知道的是，僅僅一個晚上的時間，今天的釋然已經不是他昨天認識的那一個小和尚了。

但其實，我們今天認識的任何一個人，又怎麼會是昨天認識的那個呢！**人心，本就是智慧的容器。不論是活在當下還是活在未來，當你有勇氣去化解生活所給予你的一切時，也就回歸到了本真的靈光。**其實，命運並不嚴酷，不需要你再為它多添幾分冷意。當一個人願意在心底給自己留下足夠的空間去反思時，也就意味著他有了更大的空間去茁壯成長。

「或許，在未來的某一天我們都會發現，原來一切都是尚好。」釋然把清冽的泉水倒進水壺中後，轉過身對戒緣師叔和釋道說。

太陽也正在此時跳脫了群山的包圍，霞光萬丈，如同佛的靈光，照亮所有迷路者的內心。

練習
26

不費心尋找捷徑

——捷徑往往就在腳下，不必到處找尋

釋然尚沒有悟到的一點是，禪，本身就是人生的一種功課，迷與悟、得與失都在這一念之間。

不論你走過多少路，也不需要去計算在這一路上有多少得失。重要的事情在於，你的心是否還在這條路上行走。來一回，去一場，不管身在何方。禪的智慧在於讓每一個修行人都能夠走出一條更通達的修行路。所有的苦修，也只是為了證明心中的正念。

也許在不久的將來，釋然終能夠參透禪的奧妙。現在又何必著急！前路漫漫，走好每一步，必定有向寬的人生前路鋪就在前。

「釋然，你看前面，過了這座山，就到了大路。從這裡一直走下去，我們就會到達你嚮往的外面世界。」站在最後一座山頂上，戒緣師叔大有會當淩絕頂的姿態。他一隻手叉腰，一隻手穿透兩位後輩人的目光向前方指去。

最激動的，大概就是釋然了。他三步併作兩步跑到戒緣師叔身邊，險些一腳滑下去。順著師叔手指的方向，釋然隱隱約約看到了阡陌縱橫，在那一望無垠的田地上有正在耕作的人們。這樣一派祥和的田園風光，激起了釋然心底的千萬層波濤。

「師叔，快別休息了，我們趕緊上路吧。我已經等不及了。」話還沒有說完，釋然就彎腰把行囊背在了身上。下山這麼久，還從沒有見他這麼積極過。

看到釋然如此孩子氣的表現，戒緣師叔哈哈大笑了兩聲，對釋然說：「你這個小毛孩子，你可知從這裡到山下有多遠？俗話說『望山跑死馬』，你眼睛看到很近的距離，要是用腳步去丈量，可就千差萬別了。」

「不會吧，這能差多少！」釋然有些不相信戒緣師叔的話。

這時候，站在一邊的釋道說話了。「是這樣的，師兄，師父的話是對的。我以前經常到處做小生意，對路程的計算是再熟悉不過了。以我看來，我們即便是現在馬上向山下趕路，想要到達前面的村莊，估計也要到半夜。況且，這裡的山路地形相當複雜，我們誰也不熟悉，如果匆匆忙忙趕路，恐怕還會出什麼意外。這樣一來就有些得不償失了。」

「那你的意思是？」釋然不太明白釋道話裡的意思，「我們就只能這樣眼睜睜地看著，卻永遠都找不到捷徑前行？」

「釋然啊，捷徑往往就在我們腳下，不必你到處去找尋。」戒緣師叔說，**「你看見的不一定真實，只有你自己親身感受到的，才具有說服力**。佛法中有句話，真空不礙妙有，妙有不礙真空，走過人生，實踐人生，洞察人生，才能得到自己的人生。這一路，你走過多少，也就能得到多少。前路到底是否平坦寬廣，就看你現在怎麼做了。」

「現在怎麼做？」釋然抓了抓光光的頭皮。突然他靈光一閃，背著行囊就向山下走去了。任憑身後兩人如何呼喚，釋然只高聲回應了一句「路在腳下，現在不走，更待何時！」

此時，春正好，山花正爛漫。

等走到一半山路時，釋然終於相信了釋道的預測。太陽已經微微西沉，他們三人卻還在半山腰的密林中穿梭。縱然身處在清幽花香中，三人也都禁不住饑渴的折磨。最後，在釋道的強烈要求下，釋然這才停了下來，表示願意就地生火做飯，待到明日太陽升起後再繼續上路。

晚上這一頓飯，釋然根本沒有心思做，更沒有心思吃。明眼人都能看出來，釋然的心早已經被山下的村莊吸引走了。雖然現在他不知道那村莊到底是什麼樣子，但也沒有人忍心去給熱情高漲的釋然澆一盆冷水。

「釋然，你現在不吃飯，小心晚上睡覺受凍。」戒緣師叔說。釋然手端著飯碗，眼睛直勾勾地盯著正在躥動的火苗，像是沒有聽見戒緣師叔的話。

「釋然師兄？」釋道也試探性地問，得到的結果卻和剛才一模一樣。他和戒緣師叔兩人對眼笑了笑，各自端起飯碗吃了起來。

時間不久，兩人都已經填飽了肚子，只有釋然還呆呆地坐在火堆邊上，如同一座雕塑。釋道突發惡作劇，他捧起身邊的一些鬆土一下子全都蓋在了火堆上，剛剛還在熊熊燃燒的火焰頃刻間看不見一點火苗。黑暗，毫無徵兆地降臨下來。

「你……」釋然猛得驚起，吼道「我什麼都看不見啦！」

「你在看什麼？」戒緣師叔好似明知故問。

「我……」釋然竟也不知道如何作答。

「看見的是什麼？看不見的又是什麼？釋然，你問問自己，身在哪裡，心在哪裡？我今夜只送給你一句話，生活是看見遇見，但也是看破放下。你能把二者都做到了，那便是佛法。這小孩兒，牛角尖可不小啊！」說完，戒緣師叔只是搖搖頭，借著月光慢慢踱回了自己的帳篷。

釋然抬頭，發現今夜的天空比以往任何時候都顯得更加無垠。以前都是自己在寺院裡用矮矮的牆壁來丈量天空的寬度，不曾想過有一天會發現整個夜空竟然能超越了自己視野的範圍。剎那間，再浮躁的內心也會因為這樣平靜的夜晚而沉寂下來。或許，這一路走來的風風雨雨，都只是在為更豐富的明天做點綴。不論有何種情緒存在，釋然從來沒有放棄過向上力量。只有去承擔、去堅持，大概才能保持住自己內心的風景。不昧天真，慈悲一切。

看著看著，釋然漸漸覺得那銀河越來越寬廣，而自己的身體也已經輕飄飄地浮向比整個天空還寬廣的夜色。

偶有蟲鳴，寂靜了春夜，更寂靜了人心。

生活是看見遇見，但也是看破放下。
你能把二者都做到了，那便是**佛法**。

練習 27

改掉拖拉的毛病

——當斷不斷，將讓你失去面對的勇氣

誰也沒有預料到，明明是大晴天，只一場寒風吹過，夜裡就下起令人煩惱不堪的春雨。

雖說春雨貴如油，可對身處半山處帳篷中的這三個人來說，一方面要趕緊檢查行囊以免淋濕衣物，另一方面又急於找不到乾柴生火取暖。半夜醒來，饑寒交迫，頓時讓人不知所措。

「師叔，如果這雨一直下下去，我們該怎麼辦呀？」這是他們下山來，第一次遭遇天氣變故，釋然卻不知道應該如何應對。

戒緣師叔也凍得瑟瑟發抖。他們下山的時候是初春時節，雖然山上氣溫並不高，但戒緣師叔憑藉豐富的行腳經驗斷定，下山後氣溫肯定會有大幅度提升。畢竟，山上山下的溫度本就不在同一條水平線上，而且根據時節來推算，日後的氣溫只能越來越高，所以他也規勸釋然下山時不要帶太多的衣服，一則根本用不

到，二則也會給行路帶來很多不必要的麻煩。但是現在，戒緣師叔開始後悔自己當初的決定了。

釋道撥開帳篷的門簾，用幾根粗大的樹枝把外面的土堆成一個個小山丘，防止有雨水從高處流進來。可這一個小小的舉動，被釋然發現後馬上喊停了。釋然根本就忍受不了吹進來的寒風，兩個噴嚏後，他就已經開始瑟瑟發抖了。

「我們再忍一忍吧，或許天亮後雨就會停。」戒緣師叔說，「那時我們再抓緊時間收拾行李，到山下村莊我看也不消兩個時辰。那我們現在只能祈求佛菩薩保佑，讓這場寒冷的夜雨趕緊停止吧。」

可事情並沒有按照他們三人預想的結局發展。山裡的雨夜似乎特別漫長，釋然早已經熬不住睏意的侵擾了，他縮了縮身子，讓自己儘量蜷縮在戒緣師叔的斗篷下。聽著嘩嘩的雨聲，最後竟也進入了夢鄉。

夢中，他看到天已經大亮，太陽也早早從山那邊爬了出來。可戒緣師叔與釋道兩人誰也沒有叫醒他，等釋然發現他們已經動身後，只看到兩個小小的背影正在山下拐角處向前急行。還不待釋然大聲呼喊，二人就消失在一片密林後面了。釋然忽得驚醒，剛才的噩夢讓他心有餘悸。他很清楚這樣的事情根本就不會發生，可夢境是如此真實，釋然甚至還哭出了眼淚。

那一剎那，真是百般滋味浮在心間。

「釋然，你怎麼還睡哭了？」釋然的這副樣子讓戒緣師叔感到十分納悶。

「我……」釋然沒有回答。他是絕對不會把剛才的夢境講述出來的，更不會承認自己害怕被其他人拋棄，害怕自己一個人留在這深山夜雨中無依無靠。那些隱藏在釋然心底柔弱的小祕密，他寧可就這樣掩藏一輩子

「釋然，快點起來。雨越下越大了，看來我們只有冒雨前進了，否則就會困死在這半山腰。」戒緣師叔一邊說著一邊收拾東西。

釋然聽後大吃一驚，他從帳篷中露了半個腦袋，發現雨勢比昨天晚上大很多。「師叔，這麼大的雨我們怎麼走啊？要不，再等一等吧，或許到中午時候雨就會停下來。」釋然想要給自己找一個恰當的理由，以避開在這場風雨中前行。

「雨這麼大，我們要費多大的力氣才能到達前面的村莊呀。」

「想知道要費多大的力氣？」戒緣師叔回頭說，「走過就知道了。」戒緣師叔沒有給釋然留下任何可以協商的餘地。他知道，此時不走，可能真的永遠都走不了了。「釋然，你什麼時候才能改掉自己拖拖拉拉的壞毛病？不知道你在害怕什麼。你再害怕，這場風雨也不會停止。你連去面對它的勇氣都沒有。」

「萬一我們出什麼意外……」釋然吞吞吐吐地說。

戒緣師叔突然怒吼道：「你留在這裡才會出意外。」

從認識戒緣師叔那一天開始，釋然從來沒有見過這位性格和善的師叔發過脾氣。平時釋然即便做出了再過分的事情，戒緣師叔也總是會心平氣和地把道理同他講明白。他從來不會像今天這樣大發雷霆。還想要再爭辯一下的釋然被戒緣師叔這一聲吼給鎮住了。他不得不從，不敢不從。

就在他們三人剛剛走出了山下的大路時，釋然只聽得一聲巨響，再回頭看，他們三人原來紮營露宿的地方已經被山上滑下的泥流吹刷得蕩然無存。他心中一陣驚悸，若不是剛才聽從了戒緣師叔的規勸，恐怕現在三個人早已經葬身在泥石流中了。

釋然抬頭看了看戒緣師叔，只見這位老者表情堅毅，任由雨水順著自己的臉頰滑落，仿若雕塑一般。

「釋然，今天我想你必須要明白一點，**當斷不斷，毀掉的可能是你一生所擁有的一切**。」戒緣師叔說起這句話時，顯得特別地語重心長。「現在，回頭看還有何意義，繼續前行。過去的都已安然而過，未來的，好壞不過如此。」說畢，戒緣師叔果斷轉身，大步流星地向村莊走去，對剛剛失去的一切毫無留戀。

練習 28

不把挫折歸咎於上天

——鬱結和失落，只會帶來更多意志消沉

世間事就是這樣，你永遠都不會知道下一秒鐘的禍福。那些真正能夠享受當下每一刻的人，或許才是人世間真正的修行者。這一路前塵過往，由不得人去選擇好壞，面對悲歡難測，只有滿懷信心，才能在生活的敲打裡，領悟來去得失。

有時候，生活甚至比這季節交替時候的天氣還要複雜多變。行走在安逸與風波交替的空檔，即便腿腳都已經滿是泥濘，即便已經遭受過無數次迎面打擊，甚至連心頭的願念都開始動搖，但越是在紛雜的情緒中，越需要你我都有一顆自信的心靈，安然而純淨地活在這個世間，不隨世事沉淪，也不浮躁忘本。相信生命本具超越一切困難的勇氣，用一種擔當去承載生活中的風雨炎涼。雖說因緣各異，但我們卻依舊相信勇氣戰勝心魔的真理。

況且，還沒有走到最後，誰都沒有權利去質疑腳下正在走的路是否能夠到達終點。

又或者，下一處拐彎，便有出乎所有人意料的風景正在等候。

既然已經走到這一步，釋然也不得不去學著看淡已經發生的這一切。雖說那場泥石流給釋然帶來了前所未有的驚悸，但能保住三個人的性命，就值得感恩佛菩薩的大慈大悲。事情已發生，再多的留戀也無用。而戒緣師叔早就邁著大步向山下的村莊走去了。

這時候，下了一整夜的雨也漸漸小了起來，陽光似乎轉眼就能從山背後跳脫出來。三個人身上的僧裝早已經濕透，但初夏的風也甚是溫暖，不等他們走到山下，那身僧衣也乾得差不多了。等意識到已經脫離危險後，釋然這才長長地舒了一口氣。直到此時，他才感覺到自己一大早到現在竟然還沒有吃過東西，而肚子早就咕咕叫了起來。

「你呀！說不定上輩子就是一個吃貨！」戒緣師叔用手指在釋然頭上使勁頂了一下，不得已只能帶著這個小師侄前去村子裡化一些緣。

走進村子後三人才發現，昨天晚上的那場大雨給山下的村莊也造成了不小的損失。雖然僥倖避免了泥石流對村莊破壞性的打擊，但有不少農田卻已蕩然無存。村子裡有人趁著雨停抓緊時機出來修補漏雨的房屋，還有一大家子人拿著鍋碗瓢盆在清理淤水，一時間竟沒有人注意到有三位出家人進了村子。

待到釋道主動上前和一位中年婦女打過招呼，對方才意識到在這樣風雨交加的時辰竟然還有人行走在路上。簡單介紹後，那婦人十分熱情地把三人請到了屋子裡。她一面寒暄著端茶倒水，一面不禁埋怨起這場不合時機的風雨來。

「昨天啊，我和我們當家的剛剛下地插好秧，本來還指望今年能有個好收成。不想只一晚上的時間，別說收成了，我們家那一畝三分地都快被沖沒有了。接下來的日子該怎麼過呀！哎……」婦人說到這裡，長歎一聲，一時間連手上倒茶水的動作都停了下來。

三個人靜靜坐著聽，誰也不知道該怎麼去接話茬。在這種情況下，再多的安慰都顯得毫無意義。他們自己本是落難之人，更無法給這一家人提供任何實質性的幫助，這讓戒緣師叔一時間覺得有些難為情。

「其實我也能看得開。」婦人似乎是在自言自語，根本就沒有注意到在座三位出家人的表情變化。「天有不測風雨，人有旦夕禍福。老天爺的事情，誰說得準。沒了就沒了，我和我們當家的無非多辛苦一些，總不至於連這一年的口糧都吃不上。」

「這位施主，你竟也看得很開明啊！」戒緣師叔不覺讚歎說。

婦人斟好茶水後，又轉身到廚房去把灶火點上，趁著熱鍋的時間，她回到屋子裡接著剛才的話題繼續說：「這也沒有什麼看不開的，已經發生的事情誰也改變不了。這些年，我們經歷的各種大災小災也數不清楚了，要是每一次都哭天喊地，那這日子還過不過了。老百姓過日子，都是一年豐收一年緊的，現在回頭想想其實也沒什麼。怎麼過，一年都是三百多天，一天還是三頓飯，挺一挺就過去了。」

聽到這裡，戒緣師叔不禁拍案叫絕。他行走數十年，能同這位婦人這般明理的人還真的不多見。

人們不懂得的是，世間的每個事物都是獨特的存在，都有自己的因緣。所有的鬱結和失落彷徨，只能給自己帶來更多的意志消沉。那些矯情的人，往往最後只能成為被命運唾棄的對象。只有真正明白自我的心，憑藉自己的雙手去創造生活，才會在未來不遠的地方看到奇跡的影子。

人生的艱辛，不是路途的泥濘，不是內心的迷惑與盲從。真正令人擔憂的，不是煩惱人生，而是一次次地誤讀自己的生活後，卻還要菲薄命運的不公。

突然，一聲渾厚且剛毅的聲音打破了戒緣師叔的思路。「阿翠，看看昨晚那場雨給我們帶來了什麼！」

婦人急忙迎出門去，三位出家人也都扭頭過去看個究竟。在男人還沒有進入屋門前，一股重重的魚腥味先飄進屋子裡報了到。釋然心想，對三位出家人來說，這恐怕是最大的不敬了。

練習 29

不以自己的是非評價他人
——何必糾結於是非，無是無非才逍遙自在

當那重重的魚腥味飄進屋子裡時，釋然整個腦袋都大了起來。不管怎麼說，有三位出家人在這裡，那些葷腥的東西就不好擺到檯面上。雖說這家的當家男人並不知內情，但這樣的偶然相遇也總是會顯得尷尬。

還沒有待其他人反應過來，男人早已經進了屋。他剛要開口說話，忽然發現屋子中坐著三位出家人，那到了嘴邊的話又被生生地嚥了回去。名叫阿翠的婦人見此情況，忙給男人做了簡單介紹。男人也不見外，和三人客套寒暄後，分賓主落坐，話題不由自主地從這場帶來不小破壞的夜雨講開來。

「三位昨夜看來也遭了不少難吧！」男人問。

戒緣師叔歎了一口氣，話題來了一個轉彎：「不論遭過什麼難，總也是平安無事到了今天。剛才，聽那位女施主講到，你們家乃至整個村子都被這場雨水破壞許多。現在情況怎麼樣？」

聽完戒緣師叔的詢問，男人出乎所有人意料，竟然哈哈大笑起來。他說：「說實話，我現在還要多多感謝這場及時的風雨呢。」這句話一出，所有人都面面相覷，不明白男人葫蘆裡到底賣的是什麼藥。男人看了看大家狐疑的神情，又微微一笑，繼續說道：「真是天無絕人之路。我本來以為，那場不大不小的泥石流毀掉了我們今年所有的收成，不成想雖是丟了良田，卻意外地收穫了一大片池塘。你們看我一身的魚腥味，就知道我去幹什麼了。」

「你到底幹什麼去了？弄得滿身都是臭味，噁心死了，趕緊到裡屋去把身上的衣服換下來我去洗掉。」婦人一邊說著一邊把男人往裡屋推。

男人也顧不得身上的味道以及面前這三位出家人的感受，一股腦只想把自己的話說完。「今天早晨我本來想要去看看這場雨破壞的程度到底有多大，卻竟然發現，原來的良田雖然沒有了，那泥石流卻在山下堆積，形成一片不大不小的池塘，而這一場雨水也早已經蓄滿了池塘。真是天無絕人之路！我也顧不上許多，這整個上午我都在忙著把污水放掉，給池塘重新灌注了清水，然後雇車到上游水庫買了一些魚苗回來飼養。哈哈哈，今年我們的日子就靠這些魚了。」

也許是說到了興頭，男人完全忘記了面前這三位是忌諱殺生和葷腥的出家人。釋然雖然皺了皺眉頭，但他也不好意思說些什麼。還好婦人及時反應過來，不管男人如何高興，只是死拉硬拽地把他推進了裡屋換衣服。

見到男人不在場，釋然才開口說：「這位女施主，剛才的事情真的不對。不是我出家人挑理，你們私下說什麼都可以，但是在佛菩薩面前我想還是應該有所忌諱的。」

聽到釋然這麼說，婦人也覺得有些不好意思，忙替自己的男人賠禮道歉。然而，還沒有等釋然接受婦人的道歉，他就被戒緣師叔在頭上狠狠地敲了一記。只聽戒緣師叔嗔怒說：「釋然，你剛才看到了什麼聽到了什麼？」

釋然搔搔頭，似乎沒有聽懂戒緣師叔的問話。

「天地萬物均有佛性，哪怕是魚蝦蟲蟻。你問問自己，是不是有分別心在作祟。」戒緣師叔這一次的訓斥異常嚴厲，而且是當著俗家施主的面前，絲毫沒有給釋然留下一點點情面。「你給我講講佛菩薩是什麼，佛菩薩在做什麼？天地萬事，佛菩薩不就是通過各種方便法門好讓眾生能脫離苦海嗎？**魚蝦有魚蝦的使命，稻穀有稻穀的使命，一生一世輪迴，都是各自的修行**。若不是佛菩薩慈悲，那沖掉的良田又怎麼會變成池塘？眼前萬事來來去去，世間道路曲折高低，悲喜都只不過是過往。**何必非要糾結於是與非，無是無非不才正好逍遙自在嗎！**」

聽了戒緣師叔這麼說，釋然雖然一下子很難接受，卻不敢再多嘴說什麼了。

「又或者，我這些說給你的話更應該說給我自己。也許你現在就是佛菩薩呢，我這麼說豈不是也對你有了分別心！」戒緣師叔又歎息了一口氣說。

「師叔，這……」釋然無話以對。原本他還對戒緣師叔的批評心存芥蒂，現在看到戒緣師叔又反過來自我批評，他才真正意識到自己的錯誤態度究竟有多麼嚴重。

說者無心聽者有意。在這一老一小兩位出家人正辯論時，婦人早就一轉身進了裡屋。或許，她有私密的話要對男人講。只是不知道，她將要說出的這番話究竟是站在何種立場。等男人從裡屋換好衣服出來後，等待著他們所有人的將會是一場不可思議的奇跡之旅。

練習 30

不以一己想法判斷他人動機
——先入為主的偏見，容易造成誤會

生命就是一場穿越雲煙走向內心寬闊與光明的旅途，然而人們總是喜歡思考太多，一次次地給自己背上沉重的枷鎖。那些迷失的人啊，只因被世俗糾纏住對光明的嚮往，才會在暗無天日的內心深處哭泣落淚。生命這一趟旅程，不過是要我們時時抬頭看天，謹記腳踏實地，過一份簡約和樸實的平常日子。除此之外，還要奢求什麼！

釋然本以為那位婦人進去和男人閒言碎語，一定是在說這三位出家人的不是。他不覺臉紅起來，明明自己是客人，卻還要挑主人家的錯，這本就是自己犯了執念。而且剛剛還和戒緣師叔辯了起來，他明明記得自己發誓要時時聽師叔的話，可現在事情怎麼會突然間變成這個樣子！釋然暗暗自責。

正在這時，男人和婦人一起從裡屋走了出來。男人依舊滿臉帶笑，好像根本就不記得自己剛才說過什麼一樣。他對戒緣師叔說：「師父，你看現在外面也天晴了，先讓我家女人給你們三位準備一些素齋。飯後我再帶你們到池塘去看看，我還有更重要的事情諮詢你呢。」

雖然戒緣師叔並不明白男人葫蘆裡賣的到底是什麼藥，卻又不好意思直接開口拒絕。況且，有飯食招待，這足以讓早已經餓腸轆轆的三位出家人忘記了一切煩憂。很快，婦人就端著熱騰騰的飯菜從廚房出來了，男人幫著擺好了桌椅，也陪著師父們坐了下來。

「師父啊，你可能剛剛來，還沒有見到我們村子的全貌。我和你說，我們這裡背靠大山，環境好，交通又比山裡方便許多，每一年都有很多從城市來的遊客到這裡體驗農家生活。我看啊，你們就在這裡長住別走了。回頭我去集結村子裡的人們，我們在村外給你們修一座寺院，也供上佛菩薩，就在這山清水秀的地方修行，那多好啊！」男人說這些話時的口氣顯得很是自豪。

釋然卻對這樣的口吻產生了反感。他不知道男人以及這整個村莊的背景如何，可即便你有再好的背景，新蓋起來的寺院也永遠都比不上廣緣寺更讓人安心。釋然心想，你其實根本就不知道我們三人此行的目的是什麼，就這樣冒然地想要把我們留下來，這豈不是異想天開的事情！

沒有想到的是，戒緣師叔一邊吃飯，一邊卻滿口答應了男人剛才提出來的建議。他連聲稱好，還說這塊地方若不是佛菩薩顯靈，又怎麼能夠因禍得福。失去的是良田，得到的是池塘，上天總不會絕人之路。

如果不提池塘，釋然也只是生生悶氣。一提池塘，釋然就想到也許在未來的某一天，那些剛被放養進去的小生命就被慘遭捕殺，再被名正言順地擺放在餐桌上成為眾人口中所謂的美食。殺生這一戒都做不到，還談什麼佛法，還修什麼寺院，這豈不是成了沽名釣譽的秀場。這一想，釋然連面前的白米飯都吃不下了。

「釋然師兄，你怎麼不吃了？」釋道感到莫名其妙。

「不許浪費，釋然。」戒緣師叔低低地說了一句。

飯畢，三人在男人的帶領下出了家門。剛剛從山上下來得著急，三人誰也不曾注意這個村莊是什麼樣子。現在雨過天晴，再仔細一看，竟然全都不約而同地驚歎起來。此地背靠青山，有一條玉帶河蜿蜒而過，又兼雨後霧氣濛濛，宛若仙境。一時間，釋然竟然也開始暢想在這裡修行應該會是人生一大快事。

男人在路上簡單介紹了一下自己。原來他叫張聰，自稱是家旅遊公司的總經理，因此人們也都叫他張總。因為每年夏天從城市裡會有很多遊客到這裡消暑，所以現在也正是他開展新一年業務的最好時機。他自家也種了一些農田，不想卻被泥石流吹刷走了，現在有了池塘也算是意外之福。但張總很快就向戒緣師叔解釋說，其實他並不想把池塘用來飼養食用的魚類，而是希望能把這裡建成了一個放生池。畢竟，池塘本身就已經是上天所賜了，再加上後人發慈悲心放生的一些魚蝦，相信一定能夠把善念遍灑人間。

聽到張總這麼一說，釋然的腦袋嗡地一聲，不禁為自己剛才的偏見而暗暗後悔。他在內心自責說，為什麼自己總是在別人尚沒有給出結論之前就匆匆相信了自己的判斷。如果總是如此，內心的智慧何在！也就在這一瞬間，釋然覺得張總能時時想著傳播善文化，實在難得。如果他真的在此地修蓋寺院，說不定自己也真的就會在這裡住下來修行。

釋然正在不著邊際地胡思亂想時，戒緣師叔微微笑，對張總說：「施主，佛說在我們日常的生活中有一種禪法，那是我們心地的智慧。**一個人抱有怎樣的心態，決定了他未來日子中的喜怒哀樂**。在貧僧看來，生命的真相不在於煩惱和喜悅，而在於你是否可以轉化煩惱，淡化憂愁，留給自己的，永遠都是人世間亮堂堂的大道。剛才聽你這麼一說，貧僧頓覺自慚形穢。請接收貧僧一禮。」一說完，戒緣師叔停下行走的腳步，站定整裝，口誦佛號，對張總深深一躬。

張總急忙讓開並還禮。也正是在這一剎那，釋然彷佛看到了慈悲的光輝灑遍整個人間。

練習31

不須計較人生的無常——面對複雜的生活寵辱不驚，只求無愧於人生

生活總不會是一帆風順的。不論何時，總是要歷經過風雨之後才會見到豔陽天。人生向前，也必定要歷經許多複雜之事後，才會獲得簡單的寧靜。這內心片刻的平靜，不是因世間的困擾而有了是非，而是能夠讓自己在浮躁和忐忑中看遍過眼雲煙，新雨晴空，總會有彩霞籠罩漫天。

在佛法中，有一句話叫「諸法無常」，說的是這世間萬物都是因緣而起，你永遠都無法斷定當下所遇究竟是福還是禍。我們所能夠做到的，也僅僅只是能把控好當下的自己。面對叢生的煩惱，以協調內心正念的力量。當塵埃落定，所有的煩憂都不見蹤跡。生活中不管遇到了執著還是挫折，只要始終擁有不斷去創造幸福和善念的因緣，培養和氣、溫暖的力量，幸福便會是我們生活的基礎，也終將成就我們自己活過的時代。

很顯然，張總有一個從過去到現在及未來都沒有放棄的理想，他需要有一個

屬於自己的時代。

「師父們啊，我這一生就一個願望，那就是能夠讓所有到我這裡來人的，都能夠體會到我們這裡世外桃源的仙境魅力。我不求大富大貴，只是希望那些在城市中煩心的人們到了這裡後能夠學會什麼叫放下。畢竟，很多事情只有放下，我們才能扛得起更多。您說是不是？」張總感慨了一番，把話題讓給了戒緣師叔。

戒緣師叔微微點頭，回答說：「想來，施主你以前也必定經歷過什麼不尋常的事情，才會有如今這番感悟。」

張總的眉頭挑了挑，動作極其細微，像是不願意回憶起那些前塵往事，又像是一時間不知道該從何處開口訴說。但現在面對這三位了無牽掛的出家人，他卻難得地敞開了心扉。沒有人知道這些故事在他心中藏了多久，如今終於得到可以釋放的機緣。

張總先請幾位出家人到裡屋坐下，又親自給各人斟好了茶水，這才正襟危坐，開始回憶起自己的故事。

大約是在十五年前，那時候的張總還被人們稱作小張。小張年紀輕，幹活時比任何一個人都精力充沛。村子裡的人都知曉，自家有什麼難辦的事情如果請小張來一定能辦成。這小夥子有著初生之犢不畏虎的勁頭，一心想要做成幾件大事來證明自己的能力。可無奈的是，這樣一個小村子又怎麼會有大事可以做！

後來，小張經過自己所謂的深思熟慮，決定要去外面的世界闖蕩。但阿翠卻不同意。阿翠是和小張青梅竹馬長大的，兩人之間的情愫由來已久，她這樣一個癡心的女孩子又怎麼捨得情郎遠走他鄉。更何況，這一去不知年月，那人在外面是生是死都不知道。阿翠曾經威脅小張說，如果他一定要走，就先要和自己一刀兩斷。

這真是極困難的抉擇。

小張最後還是選擇了屬於自己的未來。他辜負了阿翠的一腔熱情，獨自背起行李到外面的世界去闖蕩了。

數年後，一個風雨交加的夜晚，小張悄悄地回到了村子裡。

這幾年，自己在外面苦沒有少吃，但卻沒做成功幾件事。他本以為，這樣落魄地從城市中逃難回來，一定會被村子裡的人訕笑。可第二天迎接他的依舊是阿翠那熟悉的笑容。阿翠從來沒有嫌棄過小張的成敗與貧富，她想要的只是能夠有一個人與自己相守白頭。即便這個人曾經好幾年杳無音信，但阿翠相信自己的等待一定能換來最美滿的結局。

當時，小張已經身無分文。阿翠說服自己的父母，不但沒有要小張一分錢的嫁妝，更從自己家牽來兩頭耕地的黃牛做陪嫁，她要和小張做一對貧賤夫妻。

小張這時才明白，自己一心只裝著自己，而阿翠的心中卻滿滿的都是他。如果自己能夠早幾年就清空內心中對花花世界的癡迷，那豈不是早就擁有了幸福的生活。

在阿翠的幫助下，二人的生活雖算不上多麼富足，但也一天天能看見好轉。逐漸地，辛勤勞作的小倆口成了村子裡的模範夫妻。也許是命運使然，當初小張一心要奔向外面的世界，現在人們卻反過來爭相前往他們這個清貧的地方來體驗生活。看到機遇的小張和阿翠一起辦起了有機農場，一時間竟也風頭無限。

張總不禁感歎說：「現在想想自己這些年的經歷，真是如在夢中一般。人人都說生命無常，但在我看來，再多的無常，也永遠都不如自己的堅持和相守。**幸福生活的信念，在於自己對人生的信仰。只有樂觀的存在，人生才能悠然。**這是我尚不成熟的見解，師父你能否給指點一下。」

戒緣師叔放下手中的茶杯，說：「施主，人生啊，總是要經歷過以後才能活得明白。不論是怎樣的人生，也不需要去計較會有何種無常之態。真正珍貴的，是要明白自己在這一場生命旅途中所處的姿態。在面對紛繁複雜的生活時，不卑不亢，不諂媚也不卑賤，對得起自己，更無愧於人生。」

張總點頭，表示對戒緣師叔的話非常贊同。

「命運有貴賤，但人心無差別。施主啊，你能有今日，也正是源於你懂得放下自己曾經的執迷。能夠回頭走的人，才真正懂得什麼最可貴。都說人生像一場旅行，每一處風景、每一段緣分總會更替刷新。但有些人有些事，錯過了，可能一輩子都再無相見的緣分。比如，那位。」戒緣師叔說著話，用手向門外面指了指。

在一片陽光明媚中，張總的妻子阿翠正婀娜走來。

很多事情只有放下，我們才能**扛得起更多**。

練習 32

做任何事之前，先想三秒鐘

——暫且慢行！欲速則不達

所有的禪都是在教會我們，面對生活中的喜怒哀樂時，能始終保持客觀的態度，認識生活和煩惱的聯繫，不要把生活停留在表面的浮躁中，認識一個真我，了然一個真我，洞察一個真我，更清楚那些假我在生活中鼓搗出的負面作用。人生這一路啊，總是要有過煎熬，總是要歷經過糊塗，才能在迷惑中幡然醒悟。所有的平坦之路都是從坎坷的故事中走出來的。**那些我們曾經固執地認為生活給自己帶來的傷害，待到數年之後回頭看，也不過是自己曾經站在了錯誤的角度看到一場不曾預想的風景。**

生活的禪法在於，我們越是年長，就越多了對自己的認知。這是對自我生命的提醒，也是每一個人終究要走的修行路。

往往，結果遠不及我們在面對這一切所應該秉持的態度更重要。

阿翠給大家帶來了剛剛從菜地裡採下的鮮嫩蔬菜。雖說泥石流沖刷走了他們家的田地，好在他們在自家後院還保留了一小塊菜園，自耕自種自己吃。

走了半天路，說了半天話，大家剛才吃下的飯食也都消化得差不多了。尤其是看到阿翠帶來的新鮮蔬菜時，釋然早就已經垂涎欲滴了。如今也算是大難不死，先不求有沒有後福，把自己的肚皮填飽才是正理。既然這一對夫妻也都熱情好客，釋然就更不願意端起架子來裝清高。一聽阿翠要在這裡給大家做飯吃，釋然急忙挽起袖子要幫著阿翠下廚一起做飯。可偏偏在這個節骨眼上，廚房沒柴燒了。釋然自告奮勇出去找柴火，他也顧不上阿翠在身後叮囑的話，脫掉長衫就出了門。

雖然說還是春天，但這春天的雨可不比秋天。雨水越是多，夏天來得也就越快。一場大雨後，空氣異常清新，太陽光還不算毒辣，暖暖地流淌在釋然的腦殼上，一時間竟也恍若隔世。

釋然突然想到了剛才張總說要在此地修建寺院的事情。他環顧了四周，發現這裡雖然不在山頂，但四周風景確實很秀麗。山上廣緣寺有廣緣寺的景致，而在這裡，不但景色絲毫不輸給廣緣寺，卻要比山中的交通方便許多。如果以後能夠在這裡長住修行，也該是十分愜意的事情。釋然暗暗在心底做了個決定，日後緣分果真到了，自己一定會來張總修建好的寺院中長住。哪怕只是為了吃上一口阿翠燒的飯菜，釋然也願意就此止住前行的腳步。

一陣暖風吹來，釋然不禁使勁搖了搖頭。「在想什麼呢！」釋然自我嘟囔了一句，「還不趕緊去找柴火，填飽了肚子才是首要問題。」

然而真正令人頭疼的問題接踵而至。雖然此地不缺少木料，可因為下了一整夜的大雨，所有的木柴都是濕漉漉的，根本就無法用來燒火。釋然一下子頭疼了。對他來說，這世上再沒有比吃不飽飯更重要的事情了。但面對眼下這種情況，他自己也實在無可奈何。

等到釋然把一大捆濕漉漉的柴火拖進廚房時，所有的人都大吃一驚。雖然各人心中也都明白是怎麼回事，但依舊少不了對釋然的埋怨。

最先說話的還是戒緣師叔。「釋然，你找不到乾柴火可以回來對二位施主講明白。如你現在這樣，這濕漉漉的柴火也沒有辦法燒火，這不是一場吃力不討好的活計嗎！你這小腦袋，除了想吃的，就不知道該如何變通一下去考慮問題？」

釋然只顧著憨憨地笑。他其實很明白，自己做的事情毫無道理，卻又無法讓人嚴厲批評。還好阿翠及時出來給釋然解圍，說他們家在後院柴房中存有一部分乾柴，正好可以拿來生火用。一聽此話，釋然又是第一個跑出去搬運柴火的人。或許，現在對他來說，多幹一點活比逃避眾人的責難要強很多。等他跑出去很遠時，好似聽到阿翠又在身後大聲呼叫他的名字。但釋然現在一心只想著儘快拿到乾柴火，阿翠有什麼事情要囑託可以等他回來再聽。

時間不久，釋然又悻悻地回來了。

這一次，所有人都面帶喜色地看著釋然。這讓釋然有點摸不著頭腦。

「釋然，怎麼這麼快就回來了。你搬來的乾柴火呢？」戒緣師叔故意問。

釋然嘿嘿一笑，不好意思地說：「柴房門是鎖著的，我進不去。」

阿翠從身上把叮噹響的鑰匙解了下來，遞到釋然手中，說：「我第一次叫你，就是想讓你去柴房，不要在外面找濕柴，結果你不聽我。我第二次叫你，是想要告訴你柴房門鎖的鑰匙在我這裡，你連問都沒有問就急急忙忙跑去了，我在後面那麼大聲地喊你，都沒有把你叫回來。這不，又跑了一趟冤枉路。」

釋然這才恍然明白，原來是自己犯了愣頭青的毛病，不但耽誤了大家的飯食，更讓自己白白耗費這麼多精力。

「釋然啊，你曾和我說，人生就像是一場旅行，每一次行走都會遇到不同風景。我想，今天你一定看到很多不一樣的風景吧。」戒緣師叔在旁打趣說。

釋然摸摸腦袋，傻傻笑了一下，拿起柴房的鑰匙轉身跑了出去。

「暫且慢行！」戒緣師叔在釋然身後高聲喊了一句。

練習33

自己的人生，自己做決定
——沒人可以代替你走這一趟生命的旅程

生命的態度在於，我們每一個人在面對世事紛繁的時候，都懂得如何去理解與尊重這世上的所有存在。每個人都有自己的修行路要走，你永遠都代替不了其他人來走這一趟生命的旅程，就像是他人永遠都無法代替你自己的溫飽一般。一年四季有春秋榮枯，人生也必定會經歷起起落落的輪迴。若是無法平等地看待每一天的自己，怕是要生生死死多少次後還依舊只能是自己生命中的過客。生活，需要的是超然的態度，以化解所有的成見和對立。給自己的心地留下足夠的餘地來看待世間萬物，以及留給自己更多的時間和空間，來看待自己本身，才是一場修行的奧妙。

人生這一場聚散，正如同一場宴席，再好吃的飯菜，也總有散席的時候。釋然一心只吃得歡喜，卻不曾想過，這桌上的飯菜，現在多吃一口，就會給別人少留下一口。

戒緣師叔只是笑笑，也不去管他，任由釋然放開性子吃。下山這麼多天，他們二人也歷經了不少磨難，戒緣師叔一直擔心釋然承受不住旅途中遇到的各種苦難。雖然也經常有抱怨，但釋然這一路上表現出來的精氣神還是令戒緣師叔十分滿意的。現在面對這一桌的美食，如果再不犒勞一下釋然的肚子，那在接下來的行程中，他這個師叔恐怕要被釋然一遍遍偷偷地在心底咒罵了。

這邊釋然吃得歡暢，那邊戒緣師叔和張總的話題也聊得正在興頭上。張總又提起了要在這裡修建一座寺院的想法。他說，山裡人都比較淳樸，信仰也簡單，只要是教人向善，人人都願意出功德的。那些從城市裡到這裡來放鬆壓力的人們，也都希望能有一處淨化自我心靈的地方。然後張總又提到了自己對這座寺院的一些設想。寺院也不必太過於龐大，以盡量簡單為宜，供奉的是觀世音菩薩，如果在座的三位出家人有其他建議，他們也會盡量考慮。最後，張總說，如果戒緣師叔能在這裡停留下來主持寺院修建工作，那將是整個村子人們的福音。

其實，話說到這裡已經很明白了，就等著戒緣師叔給出一個明確的答案。無論是否決定留下來，張總肯定都會好好招待這三位出家人的。於是最終的決定權，留在了這三位出家人手中。

釋然早已經風捲殘雲一般打掃完了最後的戰場。他擦了擦嘴，等著戒緣師叔發話。釋然心底是想要留下來的。從廣緣寺下來後，雖然時間不長，但釋然和戒緣師叔一起經歷這麼多，也讓他依稀感知到前途未卜。是選擇在這樣一個溫柔鄉中過著簡單的修行生活，還是選擇繼續在風雨中艱難前行，留給釋然去考慮的抉擇也異常艱難。

釋然畢竟太過於年輕了，年輕到尚不懂得人生是怎麼一回事。沒有走過人生的人，又有什麼權利去妄談對人生的期待呢！生活有苦有樂，人生有得有失，每個人都希望在一場美好的歷程結束後迎來一個美好的結局。但希望和現實之間的鴻溝，有時候寬得讓人難以跨越。

釋然眼巴巴地看著戒緣師叔，希望他能盡快做出一個決定，好讓自己的內心不再承受如此煎熬。但戒緣師叔自己豈不是一樣面臨著兩難的抉擇？

戒緣師叔最後答應張總考慮一下，第二天再給他確定的答案。

晚上回到了張總給安排好的住處，一番客氣後彼此告別，戒緣師叔這才把釋然和釋道都叫進了自己的房間，逐一詢問他們對白天這件事情的看法。釋道自然不必多說，他跟隨師父的時間還不長，師父在哪裡他就跟隨到哪裡。最終的問題還是在釋然這邊。

「釋然，你的想法說來聽聽。」戒緣師叔問。

釋然根本就不知道從哪裡開口，他搖了搖頭，像是拿不定主意，又像是不敢表明自己的真實想法。最後支支吾吾，也沒有說出個所以然。

戒緣師叔開口問：「這樣吧，釋然，我來問你幾個問題。從廣緣寺下來這一路，你有沒有後悔走這一趟？前路依舊未知，充滿了更多坎坷，你是否還有勇氣去面對？當你決定打退堂鼓的時候，你是否曾回過頭問問自己當初決定要下山的初心為何？我想，這三個問題你也曾經考慮過，只是在不同的階段人們總是會有不同的感悟和答案。釋然，給你一個晚上的時間好好地與自己談談心，明天早上給答案如何？」

釋然點頭同意。他不知道這個晚上過後自己會做出怎麼的決定，但最起碼現在還有一整個晚上的時間來讓自己冷靜下來思考。或許，一切從心開始，就能看得到人生最遠的地方。

給自己的心地留下足夠的**餘地**來看待世間萬物，來看待自己本身，才是一場修行的奧妙。

練習 34

練習說再見

——分離雖然難過，但求人生無悔

今天早晨天亮得似乎格外早。釋然幾乎一整個晚上都沒有睡覺。雖然張總給安排的房間很舒服，又有山風從窗縫中透進來，本可以有個安穩睡眠的釋然心緒卻難以平靜。他知道，睡在自己隔壁房間的戒緣師叔也是很晚才休息的。這一老一少兩個出家人彼此心知肚明對方的想法，但誰也不願意主動去說明白。

「師叔早！」釋然剛推開門想要到外面去走一走，正好和將要出門的戒緣師叔走了個碰頭。戒緣師叔一看釋然臉上兩個大大的黑眼圈就已經明白發生了什麼事情。他順手往前面一指，示意釋然跟著自己來。

夏天的跡象已經越來越明顯了。屋簷下有幾隻燕子在嘰嘰喳喳地叫著，爭搶著母親帶回來的食物。釋然拿起掃帚把燕子落在地上的糞便和食物殘渣掃到一邊，隨後才跟著戒緣師叔向村子外面走去。

「釋然，看來你已經把這裡當成家了。」戒緣師叔是指釋然剛才主動清掃燕子糞便的事情。在廣緣寺的時候，釋然每天早起第一件事就是先打掃寺院裡的環境。因此他比每一個人都更清楚在這所朝夕生活的寺院裡，究竟還有哪些生物每天都與僧人們同作息。所有小動物們的來來去去釋然都很清楚，如果哪一天沒有看到哪隻動物出現，釋然心裡一整天都會悵然若失。因此當戒緣師叔看到釋然隨手就把地上的汙穢打掃乾淨時，他知道釋然一定對這裡產生了歸屬感，才會如同照顧廣緣寺一樣照顧著這裡的一草一木。

釋然點點頭，隨後又急忙搖搖頭。他害怕自己一不小心的回答就會讓戒緣師叔誤以為已經給出了答案。

「那你說說，昨天晚上究竟是如何想的。」戒緣師叔不再繞彎子，而是把話題直接轉到最敏感同時也是釋然最不想面對的問題上。

「師叔，說實話，我真的沒有想清楚。」釋然又搖了搖頭。

戒緣師叔哈哈一笑，心中已經明白了八九分。他說：「當你開始猶豫的時候，我就知道，你心中其實已經開始動搖了。是的，能夠在這裡住下修行也是一個很不錯的選擇。釋然，如果你最後選擇了這條路，師叔我一定會全力支持。張總說過要修建寺院，你要是能夠在這裡住下，師叔我雖然不才，留在這裡幫你建寺院的氣力還是有的。至於以後……」戒緣師叔話說了一半，就不再繼續講了。

釋然突然醒悟了過來，他急忙追問：「以後怎麼樣？」釋然之所以一直猶豫不決，就是害怕自己的想法以及對未來的打算和戒緣師叔有所不同。告別師父後，這一路走來，戒緣師叔就是自己人生中的最大導師。釋然很難想像如果有一天自己不在戒緣師叔身邊的情形，在這條修行路上，他自己還是個懵懂的小孩，一株剛剛發芽的嫩草又如何經得起風雨的侵襲！

兩人不知不覺走到了繞村而過的河邊。戒緣師叔把釋然帶到河中間的小橋上，看著潺潺流水從腳下逝去，良久沒有說話。

時間彷彿靜止在這一刻。陽光漸漸從山後面透出來，霞靄籠罩在二位出家人身上，彷彿佛光普照一般。山人與小橋倒映在溪流中，搖搖晃晃，影影綽綽，卻一直都沒有改變二人站在橋頭觀望風景時的姿態。

「釋然啊！」戒緣師叔感歎地說，「小河流水，千千萬年，你看它們什麼時候忘記了一直向前。我知道，在那未知的前路，一定會有艱難險阻。我也知道，在那暫時寧靜的港灣處，也必定是難得的修身之地。人生啊，處處都有風景。最最重要的一點在於，你是否還有勇氣向前。不論現在還是以後，你往前，即是勇氣；你停留，即是功德。我剛才說過，如果你想要留下來，我也願意暫時停留下來幫助你。可我還有自己的路要走，等你功成時，我註定是要離開的。**這河中**

的任何一條魚都離開不水而存在，可是又有哪一條魚會在同一片水中永生不離呢！水有水的自由，魚有魚的歡娛。至於是水還是魚，釋然，你要自己選擇了。」

聽完了戒緣師叔這一大段話，釋然心中縱然還是有些不明白究竟該如何抉擇，但他似乎隱隱看到了應該如何繼續走下去的方向。

「師叔。」釋然像是下了很大的決心，「我想，也許我做這個決定會對不起很多人，但首先我必須要對得起自己，否則我恐怕要後悔一生。」

戒緣師叔依舊微笑望著釋然的臉龐，等他說出最終的答案。

「師叔，我可能既不是水也不是魚，或者我根本還不清楚自己是什麼。但我希望能夠用我以後要走的路來一遍遍地證實自己，讓我能夠更看得清楚自己。這個過程，恐怕還需要我走更遠的路，也更需要師叔對我的繼續幫扶。所以，我願意和師叔相伴走下去。日後時機成熟，我也許會在這裡留下來，但應該還不是現在。」釋然一口氣說出了內心最深處的想法後，終於可以長長地舒一口氣，彷彿卸下了千斤重擔。

戒緣師叔順著水流的方向往前一指，告訴釋然，這樣一直走，向著太陽東升的地方，一定能接觸到自己內心中的天堂。

練習35

勇敢面對生命的挑戰

——人只有經歷過挫折，才會懂得拿起和放下

既然做了決定，就應該要大踏步地向前。雖然你永遠都不會知道下一秒會有怎樣的遭遇，但你始終都可以憑藉當下勇敢決絕的態度，戰勝所有尚未出現過的艱難險阻。困難，不在於它在什麼時候以什麼樣的面貌出現，而在於它始終都存在，並且我們始終都會以最樂觀的態度去面對。

當你自己足夠強大的時候，未來的一切只不過是你現在勇氣的點綴。

既然已經和戒緣師叔做了約定，釋然也就完全放下了心中的糾結。既然前路還有那麼多的未知，就更不應該在此地多做停留。兩人再也無心看這秀麗的風景，對他們來說，哪裡的風景都好，但更關鍵的是看自己是否有足夠好的耐心去襯這足夠好的景色。

二人回到房間時，正好遇到阿翠來叫三人吃飯。釋然和戒緣師叔回到房間簡單洗漱後，帶著釋道一起跟著阿翠回到了她家。張總正在客廳等著幾位出家人來

給自己最終的答案。

「阿彌陀佛，張總，讓您久等了。」戒緣師叔難得這麼客氣。

張總一看四人回來，忙從椅子上站起來迎接，並向戒緣師叔以及釋然和釋道回禮。簡單寒暄客套後，彼此在餐桌上分賓主落坐。早餐做得很簡單。釋然有些難以想像，如同張總和阿翠這樣早已經不用擔憂溫飽的家庭，在飲食上竟是如此清淡。在沒有下山前，他也多多少少聽說過山下那些有錢人的生活是如何鋪張浪費。可是在眼前的張總和阿翠身上，根本就找不到那些傳說中的影子。釋然不禁在心底感歎道，修行真的是體現在生活中的方方面面，很多情況下自己都做不到這麼超然。於是釋然不禁在心中對這一對夫婦升起了崇敬之感。

飯畢，張總又給大家泡上一壺淡淡的清茶。話題終於回到了昨天的問題上。

戒緣師叔先開口：「恐怕我們三個這次要對不住張總的一番好意了。」

張總一驚，隨後很快就鎮定下來，看來他對這個答案早就做好了準備。「我明白。出家人四海為家，我現在談到的設想都是看不到邊際的事情，又怎麼能憑空留下三位師父的腳步。」張總說這句話的時候，眼神不禁有些暗淡。

戒緣師叔見張總誤解了自己的意思，隨即哈哈一笑，解釋說：「張總此言差矣。我們出家人確實四海為家，可天底下無論哪一處的寺院佛場也都是我們的居身之地，我們哪裡又會有嫌棄之情？只是這一路走來，雖歷經很多風霜，卻還沒有實現我們當初出發時的願想。如果就此停下腳步，怕日後會惋惜不已啊！」

「那麼，敢問師父，你們的願想是什麼？」張總刨根問底地追問起來。

戒緣師叔回頭看了看釋然，把這樣的終極問題留給他來回答。釋然已經不用去再多做思考了，現在的他比昨天晚上的自己更清楚自己的所需所求。他慢慢地說：「其實，我想也不需要去多麼認真地考慮到底想要什麼。只是心中總有一個信念支撐著，對我來說，就是要去看看外面的世界。張總你也許會說，一個出家人就應該在寺院裡好好地念經修行，外面的花花世界只是誘惑而已。但我卻不這麼看。我被師父接入廣緣寺後，一直在寺廟過著清修生活，同外面的世界幾乎隔絕。**一個人真正想要成長，只有經歷過一些事情後，才會懂得什麼叫拿起什麼叫放下**。我不想當我和信眾談論放下的時候，只是空空地停留在理論的概念上，自己卻根本就不懂得其中的玄機。」

釋然一番話，讓在座的所有人一時都靜默下來。旁邊燒水的壺吱吱叫著，阿翠似乎也陷入了沉思，完全沒有反應過來要去給眾人重新斟上一杯熱茶。

良久，張總才從喉嚨最深處發出一絲極其低沉的聲音。「那這麼說來，我們夫妻倆也只能遙遙地祝願各位師父一路走好了。」

釋然微笑，原來隱藏在他內心深處的愧疚之情已經消失殆盡。他知道，自己現在拒絕了張總的邀請，實則卻是還給了自己以及所有人更多的福報。一個尚沒有修行的人去談修行事，這才是世間最可怕的事情。釋然不禁倒吸一口氣涼氣，自己險些就成了那一步之錯的犧牲品。現在，前路已經明確，還須做何留戀！

不待戒緣師叔開口，釋然主動對張總和阿翠說：「這兩天，多謝二位施主照顧。怎奈我們三人還在路上，不能長久停留。我看，稍事休息後我們就可以繼續上路了。」

「這……」張總還想要挽留，可看到釋然眼中堅定的光芒後，他已經掛在嘴邊的話再也無法說出來。「那好吧，我也就不再多留幾位師父了。可我還有最後一個請求。他日我們計畫修建的寺院當真建起，又逢幾位師父再次經過，眾位一定要留下長住一陣。我不敢奢求眾位就此停留，但如果能在這裡給大家弘法傳道，那將是本村之幸，也是我張某之福啊！」

「哈哈哈！」戒緣師叔爽朗的笑聲震徹了所有人的心扉，「待到那日，老夫一定傾其所有來幫助這座寺院弘揚祖師妙法。他日事，今日約，定當不相負。而我們三人，也就此告辭。」說完，戒緣師叔示意釋然和釋道，應該回房間收拾行李去了，等待著他們的路還很長。

練習
36

別把大道理掛在嘴上

——道理不是用來說的，是用來實踐的

「釋然師兄，你為什麼在一夜之間有這麼大的轉變？我怎麼感覺你都不是我昨天認識的那個你了。」釋道問。

釋然微微一笑，並沒有急著回答。大約又前行了數十米後，釋然才停下來抬手擦了擦汗，又望望前路，這才回答說：「釋道師弟，照理來說，你比我年長，應該要比我更懂得人生的道理。但我參禪時間比你長，或許稍微多懂一些禪理。也正是在這一長一短相比較中，我才明白了自己的修行是什麼。」

一聽釋然如此說，戒緣師叔和釋道兩人都來了興趣。抬頭看看太陽，差不多也到了中午的時間。他們在早飯後就已經和張總阿翠夫婦道別了，雖然對方極力希望能夠多挽留這三位出家人幾天，但前路漫漫，三人就此告別選擇了繼續上路。既然時辰已經不早，戒緣師叔示意釋然和釋道就地休息，邊喝水就餐邊繼續剛才的話題。

「釋然啊，我來問你來答。修行是什麼？」結緣師叔順著剛才的話題繼續追問下去。

釋然笑了。在這樣的老修行面前，他一個初出茅廬的小孩子怎麼敢去妄談修行之事呢。釋然忙搖手示意自己的無知，可面對戒緣師叔殷切的目光，他又不得不回答。無奈，只得鼓足勇氣，又喝下兩口水權當是壯膽後，才抿了抿嘴唇回答說：「在以前的我看來，修行就是坐地打禪，去研究古人的公案。時間久了，就必定會成長為一個非常有修為的大師，那時候一定天天都會有人前來朝拜，眾人也必定會口口傳誦我這位好修行的名號。」

聽到這裡，釋道先樂了起來。他的話中帶有一絲譏笑的意思：「那既然這樣，釋然師兄你為什麼還要隨著師父下山來呢，這一路上多辛苦啊，可比不得在寺院裡好好地靜坐參禪，冬不冷夏不熱，每天定時定點還有熱飯菜吃。那才是真正的神仙日子啊！」說完後，釋道有些洋洋自得，一時間竟也沒有看到戒緣師叔臉上慍怒的神情。

對於這樣的質問，釋然反倒一點都不生氣。也許自從決定下山的那一刻起，他就已經為這樣的問題準備好了答案。「師弟，剛才我說，我比你參禪的時間長。在這些年的參禪中，我可不是每天吃喝睡覺無所事事。我想，**所有的禪理**

都不僅僅只是停留在對經文概念的解讀上，而是應該在現實生活中找到與之相對應位置，才能把禪真正修到自己的內心，讓自己與禪合一。如果僅僅只是停留在字面意思的理解，又怎麼能夠再上一層樓呢？」

釋道點點頭，表示非常同意且贊同釋然這一回答。但在世間摸爬滾打多年的釋道似乎並不打算就這麼簡單地放過他的小師兄。「這麼說來，那些還在廣緣寺打坐修行的人，就是不求上進了？」

釋道的這個問題異常尖銳，甚至直戳釋然內心最深處的隱密地帶。釋然知道，其實自己下山並不僅僅只是想要在修行上有一個長足的長進，他另有更為重要的目的。釋然想起了決定下山前和師父徹夜長談的那個晚上。他們談到了釋然的現在，談到了尚不可知的未來，更重要的是他們還提到了別人都不願意主動講起的過去。師父告訴釋然，一個人擁有了敢於面對過去的態度，才能更好地走向未來。所以這次下山，不只是釋然一個人的決定，更是師父希望釋然能夠在這一趟行程中找到幾乎快要被他自己遺忘的過去。

釋然長長地呼吸了一口氣，這才回答說：「釋道，我想每個人都有自己與眾不同的修行。剛才我說，在寺院裡打坐參禪不是我當下的修行，卻不代表不適合別人，更不代表不適合以後的我。我能做好的，便是當下的修行。」

「當下的修行！」釋道重複了一句釋然的話，隨即陷入了沉思。

在把釋道收為自己的徒兒時，戒緣師叔就已經知道這個半路出家的中年人有著不同於釋然的命運。生活已經給了他太多的打擊，遁入空門也不見得是他當下最好的選擇。但如果跟著自己走這一路，能夠讓他從繼往的人生黑暗中走出來，也是功德一件。而修行到底是什麼，留給釋道的問題其實比釋然更為重要。

但戒緣師叔此刻並不想點破任何人的苦楚。雖然同行時間不長，但在他心中釋道和釋然其實並無差別了，從來就不存在誰的修行好壞。**一個人最重要的是他當下表現出的品質，而不是空口談著修行之理，卻不懂得以身作則。**

「你們兩個人啊，再不吃飯，阿翠做的餅就都要涼了，壞了自己的身體不說，還對不起主人家的一番好意。浪費糧食，這也叫修行啊？」戒緣師叔擺出威嚴假裝生氣地說。

釋然和釋道互相吐了吐舌頭做了個鬼臉，忙低下頭大口大口吃將起來。

練習 37

對他人提問前，先問問自己——心是一切疑問的答案

夏天來得異常狂熱。

似乎僅僅只是一個晚上的時間，睡醒後的三人明顯感覺到了空氣的溫度在急劇升高。釋然搔抓著身上被蚊蟲叮咬的紅點，嘴中又少不了一些牢騷。下山時穿的衣服大多已經被打包了，看看前路不知道還會走多遠，帶著那大大的行李遠行成為最惱人的問題。

「師叔，這樣一直走下去，我們就算不會被熱死，也會被累死的。」釋然埋怨了一句。

戒緣師叔也正在為這問題頭疼。出家人行腳在外，帶著這麼多衣物也不成。本打算路上遇到窮苦人家就把衣服送給他們穿也好，可這一路上並沒有見到幾戶人家，想送都沒有地方送。再者，出家人的衣物都是三寶慈悲的象徵，是不能隨隨便便就送人的。所以一時間，這竟然成了最令人頭疼的問題。看著釋然無奈的

表情，戒緣師叔只好擺擺手，表示自己暫時也想不到更好的解決辦法。

「那我們就繼續上路吧。」釋然一看事情沒有解決，只得做出了這看似無奈的最後決定。

這時，釋道開口問：「師父，師兄，我們下一步往哪邊走。」大家順著釋道手指的方向，發現前面走到了一個岔路口。「向左還是向右？」釋道說。

戒緣師叔最後隨便用手一指，三人便走上了右邊的岔路。

「師父，這條路是通向哪裡的呢？」釋道問。

戒緣師叔哪裡知道路的終點在哪裡，可這時候又不能對這麼簡單明顯的問題視而不見，他假裝咳嗽了一聲，回答說：「每條路都有終點，我們正前往的便是路的終點。」

聽完師父的回答，釋道猛然一愣，這樣的答案似乎和不回答並沒有什麼本質上的區別。釋道不禁皺皺眉，他只是想要簡單地知道前方是何處，師父也沒有必要在這個時候打禪機。他偷眼瞧了一下師父，又看了看釋然。釋然早就對這樣的情況習以為常了，他對釋道做了個鬼臉，表示自己也無能為力，幫不上什麼忙。

正在釋道感覺到鬱悶的時候，戒緣師叔卻主動發話詢問了起來。「釋道，你認為你現在在哪裡呢？」

釋道一聽，更加莫名其妙。明明正在路上向前走，又能是在哪裡呢？他心中雖然知道道師父是在和自己打禪機，但現在大太陽正在頭頂上曬著，前路還不知道有什麼樣的艱難險阻，哪裡還有心情做這門學問。他隨口回答說：「師父，你這問題就奇怪了。我們還能在哪裡，現在不正在路上嗎？」

釋道的這一回答，反倒把戒緣師叔的話給堵上了。雖然他回答的是大白話，卻也暗含著大道理。不管這一趟路程到底是通向何方，他們始終是在路上；不論每個人的人生究竟會如何度過，大家各自都在自己的修行路上。前方風景雖然各異，可是在路上的狀態卻始終不會改變。

「路上！是啊，我們都在路上。」戒緣師叔重複了一遍自己徒兒的話。

看到師叔終於被逼得啞口無言了，釋然終於來了興趣。他趁機插話說：「師叔，路在哪裡？」

戒緣師叔惱怒地瞪了釋然一眼，似乎對他提出來的問題並不滿意。「**路不就在你腳下嗎！不好好走路，胡亂問什麼問題。**」也不知道是因為太陽太過於毒辣，還是因為其他原因，戒緣師叔臉上早已經落下了豆大的汗珠。

釋然急忙低下頭，不敢看戒緣師叔的眼睛，但他心裡其實是在偷偷笑。在釋然的記憶中，還從來沒有見過戒緣師叔如同今天這般窘態。但礙於情面，他又不好意思笑出聲音，只得暗自高興一把，走起路來卻更有勁了。

又走了好一會兒，三人頭上都已經冒出了汗珠。在釋然的建議下，三人找了塊陰涼地方坐下休息。釋然從行囊中把蒲團拿出來，隨手一丟就扔在了地上。這本是再平常不過的動作，卻又讓戒緣師叔發了一次無名火。

「釋然，蒲團下面有什麼？」戒緣師叔說話的聲音極其低沉，甚至讓人感到害怕。

釋然以為是自己不小心把花花草草砸到了，急忙拿起蒲團看，卻發現地上空空如也。釋然不禁納悶起來。

戒緣師叔問：「你看到了什麼？你沒看見什麼？」

釋然早就被戒緣師叔的問話墜到五里霧之中了。他知道，師叔是在故意刁難自己，可現在自己卻又不知道該如何應戰。

沒想到的是，戒緣師叔卻主動給釋然解了圍。他哈哈一笑，說：「釋然啊，還有釋道，來來，你們都坐過來。你們當真以為我生氣了？一點都禁不起開玩笑！」說到這裡，戒緣師叔自己先盤腿坐了下來，又把另外兩個蒲團遞給釋然和釋道，隨後繼續講到：「《嚴華經》上講：三界所有唯一是心。你們剛才問了我幾個問題，我也有意無意地回答了你們的問題。或許答案你們並不滿意，但是

在開口提問之前，你們自己心中是否有個相對應的答案？在問他人之前，是否記得曾經問過自己？」

「這個……」釋然和釋道同時低下了頭。

「不是我要刁難你們。諸法所生，唯心所現，一切因果、世界、微塵，因心成體。你們有了分別心，自然也就分別了世界和你我。細細想，是不是這個道理。一切皆心所為。」戒緣師叔最後說起這句話的時候，語重心長，好似擔憂孩兒的老者一般。他伸手為釋然驅走了飛在附近的蚊蟲，生怕這兩個剛剛踏上修行路的後生就此迷惑了方向。

練習 38

停止擔心自己無法壓制煩惱

——想得越多，反倒成為前進的障礙

每個人都有自己的情緒，就像是大自然有固定變化的春夏秋冬，卻讓人捉摸不透陰晴雨雪的變化。很多時候，我們只是匆匆地在記憶中想起了又忘記了什麼，卻不知道自己當下是不是正處在兩難的境地。正是因為自我的固執，徒增了生活中的障礙和煩惱。

釋道已經明顯出現了厭煩情緒。當初他決定跟隨著戒緣師叔和釋然兩個人行走的時候，多少是有一時賭氣的成分在其中的。走了這麼久，大家依舊還在路上，釋道自然也會對前方產生迷茫之情。他甚至不太清楚自己這一行的意義到底何在。難道，修行就是要每天就這樣走下去，永遠都沒有目的地嗎？

人們在感覺到日子的單調和雷同時，往往只不過是陷在了自我設定的思維模式中無法自拔。生活中哪裡有那麼多的波瀾起伏，歲月的事實是，每一個故事都有它最終的結局，人生也都有自己的歸宿。**有些風景你看不到，只不過是因為**

你還沒有站在最高峰，或者只是因為你剛剛啟程。

很明顯，以目前的修行來看，釋道並不明白這一點。

「師父，我們在下一個村子能不能長期住一段日子？」釋道提出了一個建議。

「為什麼？」戒緣師叔對這個問題有點茫然。他們這一路走來，在哪個村子都沒有長久停留過。一來怕打擾村子裡人們的正常生活；二來也是擔心這兩個後生一旦習慣了舒適的定居生活，就很難再願意重新上路。這番苦心他從沒有和任何人說起過。

「師父，我走累了。」釋道說。這是他們三人在一起以來，釋道第一次說累。以前不管遇到多麼大的困難，也不論多麼操勞，釋道從來都是最任勞任怨的那一個。如今他會喊累，這讓其他人略微感到有些不可思議。

戒緣師叔隱隱感覺到有什麼不對勁。他沒有急於一時回答釋道的問題，三人的話題就這樣被拖延了下來。天氣依舊很熱，悶得讓人透不過氣來。此時的沉默，甚至比剛才的談話還要讓人感到沉重。

又走了一段路，仍然看不到前方有村落的影子。戒緣師叔示意大家可以坐下來稍微休息一下。他也打算趁這短短的休息時間和釋道好好聊一聊，自從收了這個新徒弟後，他們師徒倆還從來沒有坐下來真正談過心。

「釋然，你到前面看看有沒有河流經過，給我們找一點水回來。」戒緣師叔把水壺遞給了釋然，找了一個聽起來非常順其自然的理由把釋然支開了。待釋然的身影消失在遠處濃鬱的樹蔭後，戒緣師叔這才把釋道叫到了自己身邊。「釋道，給為師講講，心裡有什麼過不去的坎兒？」

釋道驚訝於師父竟然能看透自己的心思，於是也就沒有必要再繼續隱瞞。「師父，請恕徒兒無知，這一路上我一直在想我們的終點到底在哪裡。我知道，釋然師兄也曾問過這樣的問題，但很顯然地他修行的終點和我的目的地是不一樣的。我就是不知道自己的方向在哪裡？每一天，跟著師父和師兄走，確實讓我比以前靜修許多，但我還是覺得會有煩惱無法壓制。」

戒緣師叔笑了笑，並沒有責怪徒兒的意思，他回答說：「釋道啊，我知道，你看不到前方究竟如何，就一定會對自己的當下產生執迷。人心就像是不繫之舟，沒有定性，越是在不可捉摸的環境中飄蕩就越容易去抱怨生命的坎坷。流雲煙霞再美麗，也只不過是高山上的過客。你究竟是要做那巍巍屹立的山巔，還是做那霞光的光彩，你需要有自己的選擇。不要被所謂的永恆和瞬間誤導，活著，便是為了展現給人世間我們內心的力量。哪怕只是一瞬，也足以照耀許多。釋道，你要知道，**當你想得越多，反倒會成為阻礙你前進的最大障礙**。煩惱不是用來壓制的，只有化解，才會具足了力量。」

「想得越多，越多障礙！」釋道重複了一遍師父剛才闡述的主旨，一時間還不能完全明白過來其中的深意。

戒緣師叔也依舊只是笑笑，並沒有打算繼續給釋道講解下去。越多的講解，反倒可能越對這個後學造成更多誤導。戒緣師叔在修行上一直秉持著相當開明的態度，不論是不是他自己帶出來的徒弟，他都不希望對方有一天會成為另一個自己。每個人，都有自己的修行路要走；每個人，都有可能會成為自己心中的菩薩。現在看來尚且懵懂的釋然和釋道，說不定日後都是能夠行化一方的大修行。

即便他們都沒有走向自己最初對人生的設想，那又何妨！反正人生每一處都有值得期待的風光，不在於有沒有人關注你的形跡，而在於你自己有沒有真正在發光。人生三千煩惱，一絲一毫都不是生活所迫。**常說人生無常，其實無常的只不過是自己那尚定性不了的內心**。守著一份心的恭謹，去對待迎面而來的事與人，用寬心靜心去結一份善緣。這來來往往的人與事，無論是懦弱與堅強，是苦還是樂，都不過是當事人的一念之間。

「師叔，師弟，你們在談些什麼。為什麼一看到我來全都沉默了呢？」不知道什麼時候釋然已經打水回來了。他睜著一雙大眼睛盯著兩個沉默的人，像是在看兩尊奇怪的雕塑。

「釋道，釋然，生命的行者，一諾不移，一肩承擔。」良久，戒緣師叔斬釘截鐵地說了這樣一句話，像是對這兩位後學的叮囑，又像是對自己這一生行程的堅定與執著。

煩惱不是用來壓制的，只有**化解**，才會具足了力量。

練習 39

把已逝的親友深藏在心底

——生活不會因為誰的故去而敗毀

往往在越是不去盼望的時候，就越能得到意外的驚喜。

釋然剛才跑到老遠的地方去找水喝，卻沒有想到順著河流往下游走就會到達有人家的村落。現在他們三人在小路上又拐了好幾個彎路後，隱隱看到了遠處的村落。釋然興奮不已，他大聲叫嚷著說自己聽到了村子裡的狗叫聲，還聽到了有婦人在喊自家孩兒回去吃飯。戒緣師叔抬頭看看天空，太陽也只是稍稍偏西，離晚飯時間最少還有一個時辰，哪裡會有人在這個時間點開飯。他無奈地在釋然後面搖了搖頭，趕緊催促著釋然向村落走去。

正當三人期待著能夠在村子中遇到好人家以便化緣一碗熱飯時，釋然忽然聽到了從旁邊的樹林裡傳來一陣哭泣聲。他先停下腳步，豎起耳朵傾聽，可風吹樹葉的聲音以及聒噪的蟬鳴把所有敏感資訊都遮擋住了，釋然一度認為自己是因為中暑而出現了幻聽。

他剛往前還沒有走幾步，那哭泣聲再一次響起。釋然這一次對自己的判斷堅定無疑。他用手中的禪杖撥開路邊雜草，帶著戒緣師叔和釋道兩人向著樹林深處走入。走不多遠，釋然終於發現了哭聲的來源。

只見前方有一處新葬下的墳墓，墳堆上連青草都還沒有長上，旁邊還有一些零碎的紙錢來證明這是一個新亡者的墳墓。墓前的土地上坐臥著一位頭髮俱白的老婦人，哭聲正是這位老婦人發出來的。三人互相對眼看了看，他們誰也沒有主動站出來，而是在旁邊又默默靜聽了一會兒，這才明白究竟發生了什麼事情。

原來，死去的是這位老婦人的孩子。從老婦人斷斷續續的自言自語中，大家得知，老婦人就這麼一個兒子，前幾天得了怪病突然暴斃。白髮人送黑髮人，老人家一時承受不了這樣的打擊，這才天天到墳前以淚洗面，責罵上天為什麼不把她這個沒有用的老人帶走。老婦人一邊哭一邊念念有詞地說，如果有誰可以讓她兒子死而復生，她願意用自己的生命來換。

聽到這裡，戒緣師叔打了一聲佛號，突然站了出來。那一聲「阿彌陀佛」卻把老婦人嚇了一跳，剛剛還哭天喊地的聲音也被嚇了回去。待她定睛看清楚原來是三位出家人時，老婦人的悲傷情緒一下子卻比剛才更加濃烈了。只不過不同的是，剛才她是在向著虛空許願，現在卻希望面前的幾位佛菩薩能幫助自己實現那不切實際的願望。

戒緣師叔出人意料地回答說：「死而復生，其實也並不是什麼難事。貧僧只要稍用法術就能做到。但這個法術需要的東西有點特別，恐怕你找不到。」

一聽戒緣師叔這樣回答，釋然的兩隻眼珠子都快要瞪出來了。他認識戒緣師叔這麼久了，從來都不知道他竟然有令人死而復生的本事，甚至連師父也從來沒有提過人世間還有類似的法術存在。在沒有親眼看到之前，釋然是絕對不會相信戒緣師叔的話的。

老婦人念子心切，一聽說戒緣師叔有辦法讓她的兒子活過來，急忙跪在地上磕頭。戒緣師叔擺手示意她不必如此，隨後才告訴她自己需要的條件。「讓你兒子復生，說來簡單，不需要你以性命來頂替。我只要你去給我準備一些生火的柴火，只不過這些柴火一定要是從來沒死過人的人家砍下來的。你做到嗎？」

老婦人一聽，這條件異常簡單，忙回答說沒問題。她讓三位出家人在此地稍事等候，自己急急忙忙向村子奔去，她要去給自己的兒子尋找復生的柴火了。

看到婦人身形走遠，釋然這才問戒緣師叔，剛才他說的話是不是真的。戒緣師叔只是笑笑不語，他告訴釋然，只要在此地靜等，一切自會見分曉。

老婦人本來許諾兩個小時就會回來，可是現在天都快要黑了，也不見她回來的身影。又過了很久，釋然終於看到一個步履蹣跚的身影走進了這片樹林。沒錯，就是剛才離去的老婦人。只不過此刻她臉上的神情比剛才更加陰鬱，而且她兩手空空，顯然是沒有找到戒緣師叔要的東西。

老婦人一見到戒緣師叔就哭訴起來，說：「師父啊，我問了所有的人家，可是又有哪一戶人家自古來沒有死過人呢？我不但沒有找到你要的柴火，還被人罵是神經病。師父，你告訴我，到底哪裡才能找到沒有死過人的人家呢？」

戒緣師叔哈哈一笑，追問：「你今天下午問的那些人家，他們的日子過得如何？」老婦人一愣，恍惚間覺得自己一定是聽錯了。「日子？也挺好的啊。這些鄉親我平時都很熟悉，他們有人在外地做小買賣，有人在本村耕種，有人讀書學習，雖然不是大富大貴，但也都美滿幸福。」

「**他們家也都死過人，可生活卻並沒有因為誰的故去而敗毀。人人都有鼓起勇氣嚮往明天的權利**，你兒子不在了，你卻一心只想著死，你認為這是你兒子願意看到的結果嗎？你這麼大年紀的人了，卻為什麼還要這樣執迷不悟。」戒緣師叔的每一句問話都咄咄逼人。

「我……」老婦人一下子啞口無言。「哎，我吃齋念佛幾十年，到底是沒有看透啊！」

練習 40

積極面對心中恐懼

——害怕，是你強加給自己的感覺

生老病死，世人有誰最終不是要走上這一遭。傷心難過，很多時候只是自己給自己設置了過不去的坎兒。你今天所有的陰鬱，並不會換來第二天的陽光。哪怕是對未來極盡擔憂，也永遠都不能夠掌握得了下一次偶遇時的天氣。

老婦人聽完了戒緣師叔的話，似乎明白了些什麼道理。但喪子之痛仍很難在瞬間平息，她努力讓自己止住哭泣，抬頭看看天，這才想起來是應該要請幾位師父隨自己回村子裡去，加以飯食招待。

這一路並不長，但老婦人走得異常緩慢，彷彿她每走出一步都要用盡極大的力氣。剛開始，她邊走還邊回頭看，但在戒緣師叔的建議加催促下，老婦人這才慢慢地挺起佝僂的腰背，腳下的步子也加快了許多。

回到家中，老婦人請幾位落坐後，自己在廚房簡單做了一些飯食給幾位出家人端了上來。可老婦人也許真的尚沒有從悲痛中恢復過來，她似乎忘記了自己也還空著肚子呢，她只做了三碗麵，並沒有自己那一份。看到此情此景，釋然雖然很餓，但也不好意思第一個下筷子。他知道，老人家失去親人後心裡一定不好受，就像是自己記憶深處最不願意提及的那段過往一樣，明明嘴上說著無所謂，卻往往觸景生情，在最不惹人注意的時候把眼淚落在心裡。

戒緣師叔也把筷子放下，走到老婦人身邊，蹲坐下來，長歎一聲說：「老人家，生活不容易啊！你年歲比我還大，我想也不需要我來給你講什麼大道理，你心底一定比我還要明白事理。可是，我們雖然明白，卻不去做，這和一個糊塗人有什麼區別？」

老人也歎了口氣，良久，從那渾濁的眼睛中滾落出一滴眼淚。她抬眼瞭望掛在天邊的月亮，自語說：「總歸是要有陰晴圓缺的。生活啊，就這樣子吧。」說完，她站起來到廚房又端出一碗麵條，和三位出家人坐在了一起。

這一頓飯讓釋然吃得很不自在。席間不但沒有一個人說話，就連桌上的蠟燭似乎都不敢搖晃一下身軀。靜默，往往是最具殺傷力的武器。釋然生怕老婦人在某個瞬間情緒就崩潰了。所幸，一切都只是平靜而已。這頓飯簡簡單單地開始，也簡簡單單地結束。誰也無須多言，大家各自明白在心。

夜，不知不覺間已經深了。

釋然在床上翻來覆去睡不著，他試圖打坐讓自己靜心，可心中明明空空如也又需要靜什麼？他偷偷地看了看旁邊的床上，似乎戒緣師叔和釋道都沒有進入夢鄉。釋然再耐不住心中的困惑，主動把戒緣師叔也叫了起來。

「師叔，我想問你一個問題。」釋然說，「你曾經害怕過嗎？」

戒緣師叔一愣，沒有想到釋然會問出這樣的問題。他本以為經過了白天的事情，釋然和釋道都會對人生有一番新的思考，或許生和死正是最讓人琢磨不透的難題。只有那些敢於正面生死的人，才有可能最終超越這一切。

「害怕？」戒緣師叔笑了笑，「每個人都有小時候，都會有一些害怕的東西。」

釋然知道戒緣師叔誤會了自己的意思。他說的害怕，並不是對什麼東西的畏懼，而是自從懂得人世以來，是否還有不願意也不敢捨棄的東西存在。或許，人之所以尚且為人，正是因為在這世間還有所留戀。大如生死，小如錢財，總是會有放不開的東西。釋然自認為修行尚不夠，世間還有很多看不透的事，可他現在想要知道戒緣師叔的是什麼樣的想法。

其實，這根本不算是個問題。不論戒緣師叔做出何種回答，對釋然來說都是安慰。釋然現在需要的是有一個人能做自己修行的標杆，而不是給他樹立起完美的典型。所有的完美，都只不過是用來唬人的噱頭罷了。真正的有血有肉，才是最值得紀念的典範。

戒緣師叔反問釋然：「你覺得呢？」

釋然回答說：「要說害怕，肯定每個人都有，我只是不知道師叔你具體會害怕什麼。是孤獨？不像，否則你就不會一個人上路。是誤解？應該也不是，這一路走來我們被誤解了多少次，也從不見師叔因此而大發雷霆。是絕望？更不應該呀，師叔你常說還有很長的路要走，又怎麼會對未來絕望。我腦袋愚笨，實在是想不出來。」

戒緣師叔自己也很認真地想了想，最後才回答說：「我想，你剛才說的這些都只是一種表現出來的情緒。每個人都會有情緒波動，但背後真正的原因是什麼？我最害怕的，其實是我自己。」

「你自己？」釋道睜大了雙眼問師父，「自己有什麼害怕的，我最相信的人才是我自己。」

孤獨、誤解、絕望等等都是你自己強加給自己的感覺罷了。使你害怕的其實是你**自己的那顆心**啊！

「是呀！」戒緣師叔終於用笑聲打破了凝結一整天的沉靜，「其實釋然剛剛所說的孤獨、誤解、絕望等等，都不過是你自己內心世界的影子，都是你自己強加給自己的感覺罷了。**你對自己說：『這些真可怕，我承受不住了。』那你就真的會被打敗。同樣，假如你告訴自己：『沒什麼好怕的，只要我積極面對，就能戰勝一切。』那麼就沒什麼能難得倒你。**何必苦苦執著於那些虛幻？一個人若連自己都不怕，他還會怕其他什麼呢？使你害怕的其實並不是那些想法，而是你自己的那顆心啊！」

練習 41

嘗試心靈的減法運動
——沒有東西阻擋時，才能聽見自己的聲音

這一天的清晨，顯得比以往任何時候都要安靜。不知道是在什麼力量的驅動下，竟然沒有人大聲聒噪，生怕打擾了旭日東升前的寧靜。老婦人比三位出家人起得都早。等釋然起床洗漱的時候，發現老人家已經在房檐下坐了很長時間。

「老媽媽，您在這裡坐著幹什麼呢？」釋然主動上前和對方打招呼。

老人家彷彿是被釋然的話從很長很長的夢中叫醒。她回頭看了看釋然，又用手指了指屋簷。在那翹起的簷角處，有一窩燕子正在飛進飛出，背景是夏日早晨湛藍的青天，讓人一眼看不到底。

「這位小師父，你看那些燕子，整日無憂無慮，多讓人羨慕啊！」老人家開口說。

釋然想了想，並沒有贊同老人的這句話。他說：「老人家，我想燕子大概也會有燕子的煩惱。颳風下雨的時候找不到吃食就要肚子挨餓，小燕子出世後遇到

天氣驟變還有可能會夭折……」說到這裡，釋然突然打住了話題。他這才想起來老人剛剛失去了孩子，自己真是哪壺不開提哪壺，真該掌嘴。他偷眼瞧了一下老人，發現老人家並沒有因此而有情緒上的大變化，釋然瞬間提起來的心才稍稍放下。

「是啊，你說的也對。家家都有難念的經。」老婦人感歎一句，「再難念，也還要自己去念。你說是不是，小師父？」

釋然不禁點頭。雖然他經歷的人事不多，可這樣淺顯易懂的道理還是明白的。就像是這一路走來，他和釋道都有各自的煩惱，甚至連戒緣師叔都有不曾講明白的難處。如果人人心裡都始終如同雨後的晴天一樣，那這個世界豈不是也會因此而過於單調了。就像是戒緣師叔常說的一句話，正是因為有了黑暗，所以才會更加懂得光明的珍貴。如果在人生路上沒有這麼多曲折，又怎麼會懂得珍惜當下的幸福呢！

「小師父，你知道為什麼燕子在清晨時候叫聲特別響亮嗎？」老婦人問了一個釋然一直以來都沒想過的問題。

「這個……」釋然有點難以回答。

「來，小師父，我帶你去一個地方。」老婦人的臉上終於綻開了笑容。這是從昨天到現在，釋然第一次見到老人放下心中所有的重擔而開心地微笑。也正因如此，不管老人帶自己去哪裡，釋然都心甘情願地陪同前往。他不希望老人剛剛好轉的情緒因為自己一時的疏忽而再次低落。

時間尚早，村子中還見不到行人的影子。老人帶著釋然徑直穿過整個村子，一直來到昨天的樹林處。釋然向遠方望去，只見群山巍峨，距離此處並不是很遙遠，讓整個村落所在的小平原形成一塊不小的盆地。他不明白老人帶自己來這裡看風景的目的。難道還是為了要看看她已經離去的兒子嗎？釋然不禁偷眼往樹林深處瞧了瞧，腳步一時間也有些遲疑。

老人大概是看透了釋然的心思，也停下了腳步。她對釋然說：「小師父，你在這裡對著遠處的大山喊一聲，聽聽看聲音到底有多大。」

釋然很是納悶，不知道這樣做的意義何在。但既然老人提出了此等要求，就不妨照著她的提議去做。釋然全神貫注提起丹田之氣，對著遠處大吼一聲。這一聲可了不得，瞬間驚起林中多少飛鳥。釋然不禁搔搔頭皮啞然失笑，彷彿是對自己這一不雅行為的道歉。

老人也笑了，她問釋然：「小師父，你是否曾經在人很多的地方做過同樣的事情？結果怎樣？」

釋然回想了一下，似乎自己還真的做過類似的事情。那是在一次集市上，自己和師父走散了。他遠遠地看到師父被人群擠向遠方，自己在原地大聲呼喊，他的聲音卻被嘈雜的吵鬧聲淹沒。當時釋然叫喊的聲音並不比現在小，聽起來卻沒有現在這樣震徹人心。

老人聽完釋然的訴說，問他，是否知道這是什麼道理。釋然好似明白，卻不知道該怎麼樣用言語去表達。老人讓釋然在原地轉了一圈，問他看到了什麼。釋然搖搖頭，說此地十分空曠，除了遠山和樹林外幾乎沒有其他景色。

老人點頭稱是，最後才對釋然解釋說：「小師父，照理我叫你一聲孩子也是可以的。我人生走了幾十年了，現在已經是半個身子都進了棺材的人，所以也沒有什麼看不開的。就像是我剛才讓你喊的那一聲一樣，**當沒有什麼東西可以阻擋的時候，我們才能聽見自己的聲音**。越是空，也就是越是靈。你說是不是這樣的道理？對我這樣的老太婆來說，生活已經在不斷地做著減法了，越減越空，越空也就越能看得到自己。所以，我最感謝的就是你們三位出家師父，讓我能夠把已經故去的兒子放下。當我放下，才能空出雙手去為更多人做更多事。最起碼，我不應該成為自己的累贅。」

聽完老人這一番話，釋然這才真正明白老人家的良苦用心。原來，空谷傳音，真正是唱給自己內心聽的一首梵韻。所有念誦的佛號，也都是為自己吟念的慈悲。一個人，忘記了自己，也就忘記了全世界。當你還記得聆聽自己內心的聲音時，才能夠證明自己還活著，還存有對未來的希望。

因為希望，我們才願意走得更遠。

當我放下，才能空出雙手去爲更多人做更多事。

最起碼，我不應該成爲自己的**累贅**。

練習42

不責備他人的錯誤

——同樣都是人，誰又能說得了誰！

人生冷暖，正如飯菜的鹹淡，每個人都有自己喜好的口味，但誰也不能夠完全按照自己的喜好去適應所有人。

老婦人給三位師父端上了今天的早飯，依舊是清淡的麵條配幾塊鹹菜。戒緣師叔和釋然長期住在寺院中，對這樣的飯食並無太多挑剔。難的是釋道。沒有出家前，釋道也是過著天天酒肉的生活。跟著行腳的這麼些天，釋道心內疲乏的情緒漸漸表現出來。雖然他也知道，現在是在善信家做客，不方便表現出自己的喜怒哀樂，可他對這碗連鹽都捨不得放的麵條絲毫提不起胃口。

「釋道，你怎麼不吃飯？」戒緣師叔發現了問題。

釋道勉強放下手中的筷子，說：「師父，你難道不覺得這麵條沒有一點味道嗎？」說完這句話，釋道特意回頭看了看老婦人，似乎是在專門說給她聽。

沒想到，戒緣師叔卻質問了釋道一句：「你覺得飯菜應該是什麼味道！」

釋道一時被問得無語。雖然說出家人清心寡欲，但也不應該一點人間的味道都不吃吧。更何況，這是在善信家中，釋道很難想像這位老婦人平時就吃這樣的清湯寡水麵過日子。他見對師父訴苦得不到任何實質性的結果，又轉向去刁難老婦人。「老人家，我想請問一下，最近市面上的鹽是不是特別貴？」

「什麼？」老婦人似乎沒有聽清楚釋道的問話。

「徒兒，休得無禮。」戒緣師叔對釋道的表現很不滿意。「你吃你的飯就行，怎麼還這麼多道理。」

飯後，老人也並沒有像其他人家一樣給三人沏上茶水，而是把剛剛燒開的白水倒在了大瓷碗中端了上來。

釋道一看此情景，瞬間就感覺到火往頭上躥。即便這位老婦人已經是孤家寡人一個，生活再不容易，也該有待客之道。他釋道，不，他王二小，活了這麼大歲數還沒有見到對客人如此清淡的人家。釋道心中想著，自己寧可不當和尚，不去修行，也要和這位老太太辯一辯這樣的道理。

釋然師叔一看釋道突然站了起來，知道大事不妙，急忙一把又把釋道重新拉回到了座位上。「你要幹什麼！」

釋道為自己解釋說：「也不幹什麼。我就是想問問她，為什麼這麼不尊重出家人？」

「什麼叫尊重？」戒緣師叔追問。

「師父，我剛出家，沒有道行，不尊重我也就罷了。你這麼大年紀的人，吃了一碗淡飯不說，最後連碗茶水都喝不上，這是不是有點太不近人情了。這難道還是尊重？」釋道不知不覺間說話的聲音大了起來。

釋然偷眼看了看正在廚房忙活的老婦人，急忙把這師徒二人請到了院子裡。如果讓主人家看到兩位出家人臉紅脖子粗地吵了起來，這真是極丟人的事情。

「我來問你，吃飯有鹹有淡，鹹是味道，淡就不是味道了？喝茶有濃有清，濃是味道，清就不是味道了？」戒緣師叔一字一頓地問釋道。

「這……」釋道被戒緣師叔拿住了理兒，他本想閉口不答，不料卻還要遭到戒緣師叔的調教。

「釋道，你告訴我你修行是要修什麼。」戒緣師叔顯然生了很大氣，「一個不能對任何環境安之若素的人，一個連修行都要挑三揀四的人，又怎麼會在這條路上長久地走下去呢？你早就忘記了自己身上穿的是什麼衣服，你甚至根本就不知道什麼叫三寶慈悲。既然這樣，我還留你何用。」

「什麼！」釋道以為自己聽錯了，驚詫地抬起頭看向戒緣師叔。

釋然也幾乎不敢相信自己的耳朵。釋道今天的做法縱然不應該，但戒緣師叔也沒有必要因為這件事情而趕他出門。更何況，他們三人還在行路中，釋道絕對是不可或缺的一員。釋然試圖和解一下這對師徒的關係，卻一時也插不上話。

正當氣氛越來越僵的時候，老婦人從房間裡走了出來。剛才的對話她都聽到了，只是這位老人家一直默默地裝聾作啞，不願意插手而已。老婦人斜斜地倚在門柱上，對戒緣師叔說：「我說這位老師父，你徒兒抱怨我的飯菜茶水，和你又有什麼關係？」

「我……」戒緣師叔沒想到自己明明是在為老人說話，竟會招惹來老人這不冷不熱的譏諷。

老人微微笑了笑，說：「我不是偏袒任何人。老師父，你口口聲聲責罵這位年輕師父在修行上有分別心，你這樣做，難道不也是分別心在作怪嗎？**同樣都是修行，誰又能說得了誰呢！**」

剛剛火冒三丈的戒緣師叔被老婦人說的啞口無言。待他稍微平靜一下後，仔細想想，好像也正是這麼個道理。戒緣師叔看了看釋道，師徒倆不禁相顧一笑，風高雲淡，恰似什麼也沒有發生過。

練習
43

別總是想著求助於人
——真正值得求的，是我們自身

戒緣師叔知道，是時候應該和老婦人告別了。

收拾好行李後，戒緣師叔帶著兩位後生來到老人家自有的佛堂前，給佛案上的觀音叩首禮拜。三禮過後，戒緣師叔把自己手上的念珠取了下來，伸手戴在了觀音手上。

「師叔，你這是做什麼？」釋然不解地問。

「留個念想，警惕自己。」戒緣師叔回答說。

釋然仍舊不解。普通人在手上戴上一串念珠，為了在禮拜神佛的時候表達自己的虔誠心，可在菩薩手上帶上念珠有何意義！人們求菩薩，菩薩又求誰？這個疑問釋然當場還沒有來得及提出來，戒緣師叔就已經下令繼續上路了。

這一路上，戒緣師叔只顧著匆匆趕路，甚至都忘記了應該停下來休息一會兒。一直到天色將黑，他們才找了一塊較平坦的地方紮起了帳篷。然而釋道卻宣布一個幾近絕望的消息。因為走得匆忙，他們並沒有帶任何乾糧，恐怕今天晚上要餓肚子了。

當釋然皺起眉頭不知道該怎麼辦的時候，戒緣師叔卻哈哈大笑起來。他大聲說：「甚好甚好，如此甚好！你我三人終於可以安心享受這一番天地美景了，釋然釋道，你們倆抬頭看，那樹梢上的新月不正是最好的點心嗎？還有這山間的清風，喝了之後也足以讓人醉倒。這豈不比人間的酒肉強上百倍。」

釋然和釋道兩人互相瞪眼看了看，一度懷疑戒緣師叔是不是餓得發瘋了。釋然試著慢慢接近戒緣師叔，悄悄把手放在他額頭上看他是不是在發燒，但這一舉動被戒緣師叔斷然喝退。

「小孩兒，你們真以為我瘋了？」戒緣師叔笑說。

看到身邊的這個人還有說有笑，也沒有太多不正常的地方，釋然和釋道提起來的心才稍稍放下。釋然又試探性地問：「師叔，你當真肚子不餓？」

戒緣師叔終於回歸到了常態，正襟端坐，說：「肚子餓不餓不要緊，要緊的是我們又回到了大自然中。從現在開始，我們的一切生活都要自食其力了。自己能弄到什麼，我們就吃什麼。」

行腳在路上，自己動手挖點野菜吃也並不是什麼難事，只不過釋然懶得去找而已。既然戒緣師叔說出了這句話，釋然也就只得背起筐簍去找野菜。就在他伸手去拿筐的時候，戒緣師叔卻一把搶了過去，他說他也要去挖，還說自己吃的飯必須自己也參與去做才行。這倒讓釋然新鮮不已，什麼時候這位師叔也開始關心起做飯人的辛苦了！

「釋然，我把手上的佛珠留了下來，就是希望能把自己原來的貪嗔癡全都去除。也許在你們看來，我是一個過來人，可我也有自己的執念，有我自己過不去的坎兒。經過今天早晨這件事，我才明白，**很多事情不是我看不透，只是我身在其中，根本就不知道應該往哪裡看**。我的雙眼，早就被自己迷惑了。現在啊，我才知道自己在哪裡，自己應該幹什麼。」戒緣師叔從來沒有像今天這樣對所有人敞開過心扉。

「應該幹什麼？」釋然還是有些不明白，他愣頭愣腦地順著戒緣師叔的話問了一句。

戒緣師叔笑了，並沒有責備釋然的不加思考。他說：「我把佛珠掛在菩薩的手上，就是在和老人家說一個道理。不論遇到什麼事情，求助於別人永遠都不能解決根本。真正值得求的，是我們自身。即便是菩薩，也要求自己，才能得到保佑。我只是忘記了求求自己，忘記了讓自己做自己的菩薩。往往，不是你們不能度我，而是我不能度我自己。」

釋然已經被戒緣師叔說得摸不著頭腦了，他根本就想不明白師叔為什麼突然間會有這麼多的感慨。明明只是趕路，好好走路就行了，餓了就吃，累了就停下來休息，天黑了還有帳篷可以睡覺，省心省力。可戒緣師叔說釋然還是個孩子，尚且不懂他這個年紀的人心中的故事。

然而戒緣師叔卻又把話題一轉，說：「或許，我也應該是個孩子，是個永遠都長不大的孩子。」

釋然搖搖頭，心中可能已經詛咒了幾百遍不如讓戒緣師叔乾脆變成個瘋子，省得在自己耳邊聒噪不停。他也不顧師叔在一邊嘮嘮叨叨，自己拿起筐子就向旁邊的樹林走去。對釋然來說，也許修行可以靠別人幫扶，但吃飯這件事情，還是親力親為得好。這世上再沒有比填飽肚子更大的大道理了，釋然邊走邊說。

不論遇到什麼事情，求助於別人永遠都不能解決根本。
眞正值得求的，是**我們自身**。

練習 44

保持內心的平靜歡喜
——常保內心歡喜，也是一種修行

剛剛走過一個岔路口後，戒緣師叔突然大聲叫了一下。釋然和釋道都回頭去看這位老修行。在這兩個後生眼中，戒緣師叔不論做什麼事情都極穩重，很少像今天這樣突然地產生情緒上的波動。

「師父，發生了什麼事情？」釋道問道。

戒緣師叔用手指著前方不遠處的一棵柳樹，嘴裡一時說不出話，兩眼裡也已經泛出了淚花。良久，戒緣師叔才讓情緒稍微穩定下來。他對釋然和釋道說：「你們二人可知道，那棵柳樹竟還是我三十年前栽下來的。」

「三十年前？」釋然略微有點驚訝，「這麼說，這棵柳樹比我的年歲還要大了。可是師叔，我們離柳樹還有這麼遠的距離，你怎就能斷定那棵樹一定就是你三十年前栽下來的那棵呢？」很顯然的，釋然對戒緣師叔這樣武斷的結論表示懷疑。

戒緣師叔並沒有責怪釋然，畢竟，任誰也不會輕易相信他能夠一眼就看出三十年前的過往。人生百歲光陰，有幾個三十年可以蹉跎。當歲月變遷，時間留給眾生的改變如此之大，甚至連這棵柳樹周邊的河流都稍稍改了方向。但戒緣師叔知道，那棵樹一定是自己當年親手栽下的，他此時的第六感遠勝過歲月給眼前的一切留下的改變。

「走，到了樹蔭下，我來告訴你我究竟如何能夠一眼就認出它。」戒緣師叔說完，就快步向著河邊的柳樹走去。

快走到柳樹跟前的時候，釋然竟也發出了一聲驚叫，停下了腳步。

釋道不明所以，究竟發生了什麼事情讓兩位出家人都發出了異樣的聲音。釋然指著前面的柳樹，說起話來都有些口吃。「師……師弟，你……你看，那棵樹竟然……像……像是一座觀……觀音像。」

一聽釋然這麼說，釋道急忙抬頭望去，可他只看到了一棵普普通通的柳樹，甚至還有幾根樹杈長成了「歪脖」，到哪裡去找那觀音像！「我怎麼看不到觀音菩薩？」釋道有些嗔怨地問。

戒緣師叔神祕一笑，說：「觀音在心中，不在樹上。徒兒，或許三十年後，你就能看到觀音菩薩了。」

「三十年？要這麼久的時間啊！」釋道驚歎道。

「對，要三十年。」戒緣師叔點點頭，思緒一下子被拉到了三十年前栽種這棵柳樹的那個下午。

那時候的戒緣剛出家不久，正如釋然現在的年歲。他也是初次下山，途經此地，見附近烈日灼灼無處乘涼，便想著做一件功德，親手栽種一棵樹以供後人方便。可是栽什麼樹好呢，眼看附近也沒有合適的樹苗，如果移栽過來一棵大樹耗費的精力還特別大，憑他一己之力幾乎難以完成。這可愁壞了戒緣小和尚。

正在百思不得其解的時候，這時過來一名老漢前來河邊打水。看到小和尚愁眉苦臉坐在岸邊，老漢便走上前去問個究竟。得知了戒緣的心事後，老漢並沒有提出一個可行的解決之道，相反卻哈哈大笑起來。

一看此情景，戒緣著急了，他嗔怨老漢說：「我說你這位老人家好沒有意思，我一個出家人在這裡為了後來的眾生而苦惱，你卻拿我的苦惱當玩笑。這樣做，似乎有些不合情理吧？」

聽到這個小和尚對自己的埋怨，老漢倒也不生氣。他也學著戒緣的樣子找了一塊石頭盤腿坐了下來，一張笑臉把眼睛都擠沒有了。「怎麼樣，小師父，我也學你打坐參禪，看我像不像菩薩？」

好沒有廉恥的老漢！戒緣心裡恨恨地想著，卻也不敢在嘴上說出來，以免給自己造口業。他噘噘嘴，連看都不想看這老漢一眼。

「哎呦呦，小師父，你嘴上不說，心裡也一定罵了我千百遍了吧。」老漢似乎能夠很輕易地就看透戒緣的心思。「小師父，你難道不知道，你動了念想，也會造心業的呀！」

好像真是這樣的道理！戒緣聽後，急忙在心中默念了幾聲佛號，期望能消除自己剛才犯下的罪過。

老漢笑了。他決定不再逗這位小師父玩，轉而一本正經地說：「小師父，我看你出家時間不長，有些道理也未必參得透。你穿上了這身衣服，能考慮到眾生的事情，是大慈悲心。可是小師父你聽我一句話，**若是因為你的慈悲心而讓自己有了煩惱心，你說這究竟是得還是失**？老漢我不是出家人，沒有機緣去參悟出家人的修行，但以我愚淺的腦袋看來，修行要慈悲，慈悲必須有歡喜心。究竟哪個是根，老漢我就解答不了了，小師父你要自己去參悟才行。」說完，老漢沒有等戒緣小和尚做出任何反應，就拿起自己剛剛灌滿水的水壺離開了。

戒緣依舊端坐在河邊的岩石上，望著一路東去的河水，陷入了沉思。

後來，戒緣在附近找到一棵扶風弱柳。他不期望自己移栽的柳樹一定能夠成活，更不期望這棵小小的柳樹能夠給多少人遮擋夏天的烈日，只要這世上能多一點陰涼，就是這棵柳樹的功德。就像是大慈大悲的觀音菩薩一樣，心念慈悲，柳枝必定長存。

「阿彌陀佛！」戒緣離開時，對著自己親手栽下的這棵柳樹，對著自己心中的菩薩，長誦佛號。

練習45

不計較他人對你放的暗箭
——心胸寬闊，別人就無法傷害你

「師叔，這三十年，你是怎麼過來的？」三個人坐在大柳樹下乘涼時，釋然問。

戒緣師叔歎了口氣，笑容隨即浮現在臉上。三十年，足以在一個青蔥少年的臉上刻下歲月的痕跡。人們啊，抬頭往前看的時候，往往覺得歲月還長，所以從來不會珍惜一直在自己身邊的幸福。直到連擁有都成為一種奢望的時候，才會發現，自己一生都只顧著在欣賞他處的風景，卻忘記了幸福就在旁邊，觸手可及。

戒緣師叔很難用幾句話來形容自己這三十年的過往，他的人生經歷太過於傳奇了，甚至連他自己都快要忘記究竟做過哪些驚天動地的大事。但那只不過是過去的顯赫罷了，無論走到何時，他都是一個修行者，所有的名氣在佛祖的慈悲前也只不過是一縷輕煙。過去的事，是好是壞都無所謂，何必再去給自己留個念想呢，不如就這樣放手，反倒落得一身輕巧。

「你們說我的過去啊，我已經是個糟老頭子了，那些前塵往事全都忘得一乾二淨了。」戒緣師叔給自己找了一個輕鬆的藉口。

釋然依舊不死心，繼續問：「師叔，哪怕只是一兩件過去生活的小事，給我們講一講，也讓我們開開眼界。」

「開什麼眼界啊。就我這樣一個老和尚，你們也願意學？」戒緣師叔半開玩笑地說。看著釋然和釋道期待的眼神，戒緣師叔也實在不忍心就這麼無情地拒絕，這才慢慢地回憶起自己前半生的過往。但任憑戒緣師叔絞盡腦汁，也實在想不起自己有哪些驕傲的過去值得講給這些後輩們聽。或許，他做過的某些事情在他人看來是值得頌揚的，但在他自己的眼中，那也只不過是舉手之勞，是一個出家人的本分。一個常年把佛祖掛在嘴邊的人，如果連眾生慈悲都不記得，這場修行恐怕也只能是嘴皮子上的功夫了。

戒緣師叔想起了他師父給他講過的一段故事，今天，不妨趁此機會講給這兩個後生，權當薪火相傳。「當年，在我剛出家的時候，我師父曾經給我講過一段公案。雖然那時候也明白其中一點簡單的道理，但在這三十多年來，我每一年參悟，都會有不同的感受。可以說，正是這段公案支撐著我走過許多常人難以承受的歲月。今天，我把這段公案講給你們兩人聽，具體有怎麼樣的參悟，就看你們個人的機緣了。」

釋然和釋道面面相覷，他們沒有想到戒緣師叔會這樣作答。雖然不是釋然想要的答案，但釋然依舊迫切地想要知道究竟是什麼樣的力量在支撐著戒緣師叔，那或許也正是自己最終想要找到的解答。

戒緣師叔緩緩地喝了一口水，仿效著自己師父當年的神情和語態，說：「曾經有一人到寺院裡去請教禪師，說有人在背地裡捅他刀子，該怎麼辦？禪師拿起一把斧子，走出室外，對那人說，現在他把斧子扔向天空，會怎麼樣呢？那人覺得莫名其妙，還能會怎麼樣，斧子肯定會掉下來啊，說不定還有可能砸傷扔斧子的人。禪師笑了笑，他一用力，那斧子就脫手而去。當扔出去的斧子『噹』的一聲掉到地上時，禪師問『你聽到天空喊疼的聲音了嗎？』這人更覺得莫名了。斧子又沒有把天空劈開一道口子，天空怎麼會喊疼呢？即便真的把天給劃破了，他又不是人，也永遠都不會說疼的。『斧子為什麼傷及不到天空呢？』禪師又問。這一次，這個人的回答充滿了思辨性，他說『天空是那麼高遠，那麼遼闊，斧子扔得再高，也觸及不到天空的邊啊！』禪師笑了。其實，真正的答案這個人已經自己說出來了。禪師最後總結說『是啊，天空高遠、遼闊，那是天空的心胸大。

如果一個人有天空般寬闊的心胸，別人再向他放暗箭、捅刀子，也永遠都無法

傷及到他的心靈啊！』這位前來求教的信士低頭看了一眼那把掉在地上暗淡無光的斧子，又抬頭瞭望高遠蔚藍的天空，似有所悟。」

當公案講完，戒緣師叔看了看已經聽得入迷的兩位後生，笑咪咪地問他們有什麼感想。

釋然第一個回答說：「師叔，我覺得你想要告訴我們的是，這一路修行，總是會遇到各種各樣的磨難。這就像是一把利斧，你永遠都不會知道在什麼時間什麼地方會有什麼樣的人和事情發生，也永遠不知道這會給自己造成怎樣的傷害。但傷害再多，其實也都只不過是自己的無限放大而已。當你如天空一樣包容，當你無視所有的傷害，也就能夠更加堅定自己正在走的路。」

聽到釋然的回答，戒緣師叔點點頭，表示同意他的看法。隨即，他又轉身看向釋道，想知道自己的愛徒有怎樣的心得。

釋道面無表情，好像根本就沒有把這段公案聽進去一樣。他只說了一個字，「空。」待到戒緣師叔和釋然都想讓釋道再解釋明白一些時，釋道只是淡淡地說：「空就是空，本來什麼都沒有，哪有傷害，又何須原諒！」

戒緣師叔和釋然面面相覷，一時無法去接釋道留下的話茬。

河中流水汩汩不停，倒映出來的天空千萬年來始終如一。

練習 46

不苛求事事完美

——完整，往往比完美更重要

「也許你們都不情願，但終究有一天我是要離開你們的。也許，這一天很快就會到來。」戒緣師叔看著身邊的這兩位後生，說起這句話來語重心長。「每個人都有自己的修行路，你們的路還很漫長。究竟能夠走多遠，就要靠自己的力量了。」

釋然一聽，不禁大吃一驚。從廣緣寺下山到現在的幾個月時間裡，他們一起歷經過許多困難，未來或許還有更多的磨難在等著他們一起去面對。可是戒緣師叔現在突然說出了這樣的話，不禁讓人浮想聯翩。釋然可以肯定的是，一定不是自己和釋道的原因讓戒緣師叔有了撇下他們兩人的想法。如果師叔一定要離開，那必定是他有了自己新的選擇。而這個選擇，卻有可能並不適合釋然和釋道。

戒緣師叔看出了兩人的焦急，他自己卻哈哈大笑了起來，說：「釋然釋道，你們也不要聽我這麼亂說。我說的是有一天，也許要很久才能實現呢。」

不過這句略帶有安慰性質的話並沒有撫平兩個人此刻波濤洶湧的心緒。剛才還聊得熱鬧的三個人，一時間誰也不知道該說什麼，場面頓時安靜下來。

偶有幾隻燕子飛過，唧唧的叫聲似乎是在喚醒三個人的沉默。

良久，戒緣師叔抬頭看看天，這才示意釋然和釋道是時候該啟程上路了。他站起身，滿是深情地撫摸了一下自己三十年前親手栽種的柳樹，口中念念有詞。「就此一別，不知何日能再見。人生一夢，眨眼間幾十年的春秋就成了過往。」最後，戒緣師叔歎了口氣，背起了自己的行囊，也沒有等釋然和釋道兩個人，自己獨自先朝著大路走去。

釋然從來沒有見過戒緣師叔如同今天這般傷情。或許是因為賭物，才有些感懷。但釋然分明從戒緣師叔的話中聽出了更多的味道。或許，這一趟修行路，他將再也看不到戒緣師叔的陪伴。就像師叔剛剛說的，能夠走多遠，終究還是要靠自己。然而釋然還不確定自己是否有這樣的信心和能力，一直堅持到最後，堅持到實現自己願望的時候。

待到釋然和釋道追趕上來後，戒緣師叔說：「你們兩個人，一會兒休息的時候幫我一個忙怎麼樣？」

「當然可以。」兩人異口同聲地說。

「我的忙，可不簡單啊！」戒緣師叔笑了笑，說：「一會兒啊，你們二人都去給我找一片樹葉回來，什麼樹葉都可以，但我要的是你們自己心中認為最完美的樹葉。」

「最完美的？」釋然發出了一句疑問。

戒緣師叔點點頭，沒有做更多解釋。

待到黃昏的時候，戒緣師叔下令說可以找個平臺搭起帳篷休息了。他一個人包攬下所有的活，只交待釋然和釋道抓緊時間去找樹葉，一定要在天黑之前趕回來，否則容易出危險。

兩人答應了一聲，就急急奔著各自的方向離去。

一直到天快要黑的時候，釋然才趕了回來。他一路小跑，生怕釋道趕在了前面。戒緣師叔早就把帳篷搭好了，他正坐在帳篷中等著水燒開泡茶喝。

「師叔，你可害苦我了。」釋然一進帳篷就抱怨起來。「這山上到處都是蚊蟲，你看我身上被叮了好幾處大包。」釋然一邊說著一邊撩起衣服給戒緣師叔看。同時，他還在四處掃視，想看看釋道是不是提前回來的。當他看到戒緣師叔面前放著一片樹葉時，心頓時涼了半截。最終，還是被釋道搶了先。

不過釋然隨即又在心裡樂開了花。他看到那片樹葉不過是一片極其普通的葉子，山上到處都是，一點特色也沒有。如果這就是釋道心中最完美的葉子，那他真的要瞧不起釋道的審美觀了。「師叔，這是釋道的葉子？」釋然明知故問。

誰知戒緣師叔並沒有回答，他只問釋然找到了合適的葉子沒有。釋然興高采烈且小心翼翼地從懷裡把自己找到的葉子拿到了戒緣師叔面前，臉上洋溢著得意的神色。

這果真是一片十分漂亮的葉子。鮮嫩的顏色說明它生長出來的時間還不長，橢圓的形狀一定是釋然從千百片葉子中細心挑選出來的。不得不說，這片葉子不論在哪一個方面，都要勝過釋道找回來的那一片。釋然心中有了必勝的把握，他似乎已經看到師叔在誇自己認真且聰明的模樣了。

然而，戒緣師叔得出來的評比結果卻和釋然想像的完全不一樣。「釋然，你想過一件事沒有？當你從樹枝上掐下這片葉子的時候，它的生命是否就該如此終結？」

釋然錯愕地看著戒緣師叔，一時間不知道如何是好。是啊，自己為了一次比賽的勝利，親手斷送了一個生命。

戒緣師叔打斷了釋然的悲傷，他說：「釋道的葉子看似普通，也確實是他從地上撿起的落葉，但卻包含了他滿滿的慈悲與愛。其實，這世上哪裡有那所謂的完美。**你找到的這片葉子再好，也永遠都有比其更好的葉子。但那棵樹，卻從此變得不再完整。**完整，往往比完美更重要。釋然，話也無需我多說，釋道已經在做飯了，你自己面壁去吧。」

這世上哪裡有那所謂的完美。**完整**，往往比完美更重要。

練習 47

不因別人的缺陷而有差別心

——接受他人的不完美，也是一種功德

終於，釋然開始懂得什麼叫行走。真正的行走，或許並沒有一個明確的目的地，但是每一次啟程，都會十分明確自己的方向。沒有人會在曠野中信步，缺少了航向的船隻最終只能迷失在茫茫大海中，不但去不了前方，甚至還會丟了來時的方向。

戒緣師叔說，修行一場，最重要的不是讀了多少經典，而是要明白人生的方向。世人都容易被各種事務蒙蔽了雙眼，卻不知道，往往用心才能看得清這個世界。

這一日，三人遇到了一對奇怪的母子。

遠遠地，釋然就看到前面有兩個人在練習彈弓。釋然小時候也玩過彈弓，男孩子們淘氣，總是喜歡用彈弓射玻璃瓶或者小鳥，出家後釋然也就順理成章地戒了這一個愛好，今天看到有人也在玩，不禁勾起了他的好奇心。

只見那個小男孩微微閉著一隻眼睛，另一隻眼睛一動也不動地盯著前方的玻璃瓶，用心瞄準了很久，捏著彈弓皮帶的左手指輕輕一鬆，一顆石子從彈弓分叉的地方射了出去。也許這個小男孩剛剛開始練習，剛才射出去的石子偏離目標很遠。釋然笑了笑，有一絲輕蔑的味道。如果換做是他，肯定第一次就能把玻璃瓶射倒。這麼近的距離還射不到，真的是丟男孩子的臉。

與此同時，蹲坐在一側的小男孩的母親又緩緩遞給他一塊石子，鼓勵他繼續射。母親並沒有因為孩子的失敗而有任何情緒上的變化，她遞給孩子石子的時候滿臉都寫滿了慈愛，彷彿孩子的失敗完全可以用愛和包容來化解。她一次次地縱容孩子因為缺少練習而射偏的行為，並且及時為他遞上下一顆石子。有那麼一刻，釋然覺得根本就無法理解這個母親的行為，但當他看到母親眼中的慈愛時，釋然原先嘲笑的心一下子被刺痛了。他或許可以很好地射一次彈弓，卻可能永遠都不會再感知到母親的關心。想到這裡，釋然的眼圈開始微微泛紅，他再不敢看眼前的這一幕了。

釋然拉著戒緣師叔和釋道的手，想趕緊離開這個讓自己產生情緒波動的地方。沒想到戒緣師叔也對小孩射彈弓很感興趣，他對釋然說，他相信這個孩子一定能打到玻璃瓶，只要耐心等待，一定會有奇跡出現。

並不是釋然不相信奇跡，他也認為這個孩子終有一天會把彈弓技術練得很好的，只是他們三人並沒有必要在這裡等待那一刻的到來。釋然再一次要求離開，可戒緣師叔卻笑著告訴他，如果他能等到男孩射中的那一刻，一定不會後悔這一場漫長的等待。

釋然無奈地找了個樹蔭坐下來，一邊無聊地看著螞蟻搬運食物，一邊隨口哼唱著熟悉的小調。一陣微風吹過，釋然摸了摸光溜溜的腦袋，似乎感覺到了一絲涼意。他抬頭看了看，只見樹葉已經有些泛黃。這個炎熱的夏天很快就要過去了，釋然自言自語說。

突然，他聽到了一些奇怪的辭彙。「向左……向右一點……再過去一點……再向左……」釋然不明所以地尋找著聲音的來源，這才發現原來是微風把那母親的呢喃送到了自己耳邊。只見母親不時在小男孩的耳邊低語兩聲，隨後再一次把地上的石子遞到男孩手中，依然微笑看著自己的孩子射出剛剛拿到手的石子。

原來，**在母親的眼中成功或者失敗都不重要，她關心的只是孩子是否享受其中**。

隨著母親的指導，男孩又練習了幾次，仍舊只是失敗。讓釋然驚訝的是，男孩由始至終都沒有表現出氣餒的樣子，雖然每一次的射擊都不中，但他一直有條不紊地進行著射擊動作。釋然看得出來，儘管男孩的方向感很差，但正是因為有了母親的幫助，男孩的每一次射擊都比上一次好一些，甚至有兩回石子已經擦到玻璃瓶的邊緣了。

釋然看了一眼戒緣師叔，彷彿明白了他為什麼讓自己留下來看這一場並不完美的表演。

又過了不久，三人終於聽到了一聲脆響，那是玻璃瓶倒地後摔碎的聲音。釋然急忙轉頭看去，卻大吃一驚。只見小男孩的眼睛依舊一隻緊緊眯著，另一隻雖然張得很大，卻根本就沒有神采。他，是一個盲人。

母親同三位出家人一樣因為看到了孩子的成功而欣喜，她把孩子緊緊摟在懷中，激動難以言表。那孩子顯然也明白發生了什麼，嘴角露出了月牙般的笑容。三個人就這樣站在一邊默默地看著這一幕，誰也不願意上前去打擾如此溫馨的場面。

天快黃昏的時候，母親才帶著孩子起身準備離去。她走到三人面前，非常虔誠地說：「其實我早就注意到三位師父了，謝謝你們。」

釋然茫然地問：「我們也沒有做什麼，何來感謝！」

母親回答說：「正是因為你們什麼也沒有做，我才要謝謝你們。這孩子生來就看不見東西，他很羨慕別人家的孩子都在玩彈弓，我不想讓他因為視線的問題而變得和別人不一樣，所以才會每天下午都陪他在這裡練習。**你們並沒有因為他的眼睛而鄙棄他，在我看來，這就是出家人的無上功德。**」

「可是他眼睛看不見啊！根本就射不了彈弓的。」釋然似乎是在刻意提示這位母親。

「不！」母親一口回絕了釋然的話，「他心裡看得見！」

練習
48

跟媽媽說聲「謝謝」

——一個人有再大能耐，也永遠不能忘記自己的母親

釋然沒有想到，眼前這樣一個看似普通的婦人竟然能說出如此話來，不覺汗顏。他常常以修行人自稱，可這一路之上，釋然看到了多少普通人比自己還明白生活的道理。若論修行，自己恐怕還趕不上他們的十分之一。正如同剛剛發生的事情，釋然在還不瞭解事情真相的前提下，就妄下結論。這樣的錯誤他不只犯了一兩次，今天能夠及時把自己的錯誤觀念止住，想想也是在修行上有了長足的長進。雖然值得進步的空間還有很多，但釋然在自我反省的同時，也不覺從內心最深處升起一絲對自己的嘉獎。

此刻最讓釋然感興趣的，還是這位盲人孩子的母親。她一個女流之輩，自己一個人帶著這個孩子，又能以如此大的慈悲心去包容身邊人的不公，這讓釋然肅然起敬。在往回走的路上，釋然追問起了他們母子間的故事。

母親微微笑了一下，好似從來不曾介意他們歷經過的苦難。她長長地舒了一

口氣，伴隨著夕陽下的腳步，走進了回憶中。

原來，這位母親年紀並不大。她說她叫阿秀，從來沒有結婚過，這個孩子是她在回家路上撿到的。那是一個飄雪的冬天，在外地上學的阿秀一個人走在濕滑的山路上，步步小心。在一拐角處，阿秀還是不小心摔了一跤。當她正奮力爬起來時，忽然看到前面有一個黑黑的包裹。阿秀爬過去一看，才發現原來裡面包著一個快要凍僵的小孩兒。

出於女人心裡最深處的憐憫，阿秀決定把這個孩子抱回家去。阿秀也知道，凡是被人遺棄的孩子，尤其是男孩子，身體上一定有很大的問題。但現在阿秀根本就顧不上去思考這些，她只知道，這是一條生命，看著生命在自己面前隕逝是莫大的罪過。

她把孩子帶回家後，父母對收養一事持極大的反對意見，但阿秀卻堅持認為自己做的是最正確的事情。父母勸阿秀，一個年輕的女娃子帶著一個身體有殘疾的孩子，以後怎麼還能嫁得出去。阿秀嘴強，脫口而出說寧可自己一輩子不嫁人也要把這個孩子帶大。父親一氣之下，將這個女孩趕出了家門。

阿秀是一個從來不會服軟的女人。她為了這個孩子，索性連學也不上了。她給孩子取名叫平常，她不奢求這個孩子以後會大富大貴，一切只要平平常常就好。阿秀帶著小平常一路輾轉來到這個無人認識他們的地方，對外自稱是母子。雖然沒有人懷疑什麼，但大家看著阿秀一個年輕的姑娘獨自一個人撐著生活不容易，前前後後給她介紹過幾個男人。可人家一看阿秀要嫁就一定要帶著一個瞎了眼睛的孩子嫁過去，就沒有一個人同意這樣的婚事。前前後後折騰了幾次，阿秀就再也不願意相親了。她害怕嫁過去後，對方對小平常不好，那比打罵她自己還難受。

這一路走來，也遭受過很多白眼，尤其是小平常，他要面對的比這位母親還要困難。但母親常常教導他，萬事都應看淡，真正重要的是明白自己。雖然在視力上有缺陷，這卻能讓他更清楚地看到自己。小平常並不是太懂母親的話，但他知道，只要聽母親的話就一定沒有錯。

五個人走到阿秀家門口的時候，阿秀撫摸了一下門前那棵結滿了果實的杏樹，說：「這棵杏樹是當年小平常親手栽下的。雖然他看不到杏子到底是什麼樣子，但每一年結下來的果實他都主動分給很多鄰居。小平常說，這些叔叔伯伯們都很辛苦，讓他們嘗一嘗杏子的酸甜，就能解除勞作一整天的疲乏。」

聽到這裡，戒緣師叔輕輕拍了拍小平常的肩膀，彷彿有很多話要說，最後卻問了小平常一個非常意外的問題：「孩子，我來問你，杏子好吃，但是有核。你吃完之後，核怎麼辦？」

小平常眨了眨眼睛，盯著戒緣師叔，彷彿能夠看得清楚他眼中的倒影。小平常很純真地回答說：「師父，我每次都把杏核收集起來，再找個地方種下。我娘說，杏核能發芽長出新的杏樹。」

戒緣師叔開心地笑了，他問：「那你知道杏核是杏樹的什麼嗎？」

小平常歪著腦袋想了一會兒，說：「我覺得是杏樹的母親。」

「一顆小小的杏核，能生長出那麼大的一棵杏樹；一個人長大之後有再大的能耐，也永遠都不能忘記自己的母親。小平常，你能聽懂我說的話嗎？」戒緣師叔問。

「嗯，能聽懂。」小平常回答戒緣師叔問話的同時使勁攥了攥母親的手，彷彿給了這位慈愛的娘親最堅強的承諾。

「世上無難事，只怕有心人。」戒緣師叔說著這句話，哈哈大笑幾聲，邁步走進了面前的這所庭院。

練習 49

偶爾為自己冒個險
——或許，這一次幸福就在前方

所有的涅槃，都是在重新幻化成夢想的種子。

生活裡有很多快樂，源自於外界的人或事。那些脫離自我的快樂猶如折射七彩光芒的氣泡，脆弱且易碎。生活的自在輕鬆，並不是因為命運的一帆風順，而是因為內心的無拘無束。一個人能夠在這複雜的生活中走多遠，往往取決於他曾以多麼簡單的心態去面對這一切。涅槃，不是重生，而是歷練之後的幻化。

對於一個女人來說，尤其是帶著一個盲眼孩子的女人，生活的不易是必然的。但在阿秀的臉上，釋然完全看不到歲月帶給她的困難。她總是微笑看著自己的孩子，彷彿他是自己一生的希望。這樣無私的愛，更觸發了釋然當初離開廣緣寺的心結。

也許在未來的某一天，釋然覺得那一定是陽光燦爛的一天，他一定能找得到自己的親人。他們不一定要為自己做什麼，更無須像是阿秀照顧小平常一樣悉心，釋然只希望讓自己知道，在這個世界上他其實並不孤單，最起碼還存有一些能夠讓他感知到血脈相連的情愫。

想著想著，釋然的眼眶已經微微泛紅。他急忙扭轉過頭，以免被大家發現自己的異常。

「阿秀施主，你有沒有想過以後的生活該怎麼過？」戒緣師叔放下茶杯，關切地問。

阿秀搖搖頭，把小平常往自己的懷裡拉了拉，說：「未來啊，我都已經不敢再去想未來了。我只想好好照顧小平常，讓他每一天都快快樂樂地成長。」

「可是，你總有一天會老的，這孩子長大後怎麼辦？」戒緣師叔把阿秀一直不願意面對的問題拋了出來。戒緣師叔常說，很多事情我們現在必須要面對它，否則就會成為以後的隱患。

現在阿秀面對的問題並不是要為以後做多麼長遠的打算，而是她根本就不敢去面對生活本身。雖然在此地，她和小平常能夠過著普通人的生活，但未來留給他們的考驗超乎尋常。阿秀不是不明白，只是還沒做好去迎接這一切的準備。

阿秀微微低下了頭，看著這個孩子純真的面龐，不覺落下一滴眼淚。

戒緣師叔歎了口氣，說：「阿秀，你也不要責怪我這個出家人插手你們的塵世。一個女人，帶著一個孩子，生活必定艱難。你要是覺得我說的有道理，並且相信我這個出家人的話，你就從這裡往山裡走，找一個姓李的木工。他是個好人，我也相信他會對小平常視如己出的。我這話，阿秀你可明白是什麼意思？」

阿秀一驚，她沒有想到這位出家師父竟然會給自己介紹對象。雖然連三十歲還不到，但阿秀卻幾乎已經對感情上的事情喪失了信心。她甚至不相信這個世界上還有誰能比自己對小平常更好，為了這個孩子，她放棄了學業遠離家鄉，甚至連自己的一生幸福都放棄了。現在，小平常就是阿秀的一切，她可以什麼都沒有，惟獨不可以沒有小平常。

聽了戒緣師叔的話，阿秀搖了搖頭，拒絕了他的好心。「師父，阿秀明白你的一番苦心，但……我真的捨不下這個孩子，我不想帶著他去冒這樣一場無所謂的險。」

聽了這話，戒緣師叔明白了阿秀的擔心。他笑了笑，問：「阿秀，我來問你，你曾說你給這個孩子取名叫平常，是希望他能過著如普通人一般平平常常的生活。可是等他長大後，若是沒有一技之長，又如何能夠過著和平常人一樣的生活呢？你難道真的忍心看到他以後窮困潦倒地生活？以貧僧看來，你渴求的平常，現在根本還沒有得到。或者，你來給我講一講，什麼叫平常。」

聽完了戒緣師叔的詰問，阿秀有些詞窮，她說話的聲音極其微小，彷彿怕人聽到話中帶著的悲傷情緒。「平常也不過是每天能夠吃好三頓飯，晚上可以睡個安穩覺，這就和世上千千萬萬的普通人一模一樣了。」

「可還是不一樣的。」戒緣師叔總是一句句地給阿秀糾正著話裡的問題，「他們吃飯時總是想著別的事情，不專心吃飯；他們睡覺時也總是做夢，睡不安穩。世人很難做到一心一用，他們在利害得失中穿梭，忘記了生活的最本質其實是彼此間的相互溫暖。最平常的，是用心去感受生命，以悟生命的真諦。阿秀，我可是沒有在你的生活中看到平常。單單是你收養小平常這件事，就已經不平常了。既然如此，何不為了自己夢想中的平常生活再冒一次險？或許，這一次，幸福就在前方。」

戒緣師叔的話充滿了鼓勵，他給了阿秀對生活新的期望。長久以來，阿秀心中那團火焰幾乎已經熄滅了，正是因為戒緣師叔的激勵，才再一次觸發了她對新生活的衝動。畢竟，她還年輕，生活不應該就這樣日復一日地磨蹭下去。她應該並且也有能力去為小平常爭取更好的生活。在生命最好的年華中蹉跎了歲月的恩賜，才是一生真正的遺憾。

阿秀轉身帶著小平常在戒緣師叔面前跪了下來，她磕了個頭，說：「師父，阿秀相信你說的話，阿秀也會去尋找你說的那位李木工。這麼多年了，我一直不敢帶著小平常去尋找幸福，現在師父你給我指了明路，阿秀感激不盡。請恕我冒昧，我這一拜，就是把你當成我真正的師父了，還請師父收下我這個徒兒。」

戒緣師叔急忙起身，表示很高興收她為徒。釋然和釋道也同時為這位有魄力的女弟子皈入佛門而高興。

阿秀緩緩站起身，迎著落日的餘暉，彷彿是一隻浴火重生的鳳凰，即將展翅翱翔。

世人很難做到**一心一用**，他們在利害得失中穿梭，忘記生活的本質是彼此間的相互溫暖。

練習 50

保持一顆溫暖的心

——暖和自己，也感染他人吧！

「釋然，假如有一天我離開了你們，你是否還有勇氣繼續前行？」寂靜的夜晚裡，戒緣師叔望著浩淼星空，又提出了曾經問過的問題。

雖然已經行腳大半年的時間了，但釋然並不確定自己是否有足夠的能力去面對未來路上的紛紛擾擾。他和戒緣師叔並不是師徒關係，但有這樣一位人生導師一路上保駕護航，釋然對未來的路充滿了期待。他也知道，終有一天師叔會離去，即便不是人生的別離，也終究要面對生老病死的難題。這世上哪裡才有可以和自己相伴一輩子的人啊！就像是天上的星星，也許就在你不經意間，昨天還在閃閃發亮的那顆就會變成劃落的流星。

是遺憾，更是宿命！

「師叔，你曾告訴我，世間一切事都應隨緣。我也很清楚自己的能力，我想如果真的有那麼一天的話，我是走還是停留大概都是那時的緣分，現在也不必要去想它了吧。」釋然巧妙地把話題轉了一個彎，試圖暫時避免做如此深究。

可戒緣師叔的一句話讓釋然的心涼了半截。他歎了口氣，說：「孩子，我曾經答應過你，一定要讓你看一看外面的世界。究竟什麼才是外面的世界呢？你從廣緣寺一路跟著我走來，形形色色的人和事也見了不少。我想，也是時候讓你一個人去面對更多的未知了。再弱小的鳥兒，最終也要學會自己飛翔。」

「師叔你的意思是……」釋然不敢相信自己心中產生的念想。

戒緣師叔回答說：「我剛才已經和阿秀決定了，等她簡單安頓一下，我要和她以及小平常一起往回走，我先帶他們找到李木工，完成當初我給李木工的母親許下的承諾。之後我也許會去幫阿翠夫妻兩個修建寺院。釋然，我希望你能繼續前行。雖然沒有我在你身邊，但我希望你去經歷更多。」

聽到戒緣師叔的安排，釋然的腦袋一下子變得空白。他茫然地望著戒緣師叔，彷彿對他就這樣拋下自己有些不滿。「可是師叔，我再遇到困難和別人的誤解時該怎麼辦？以前都是你幫我解決爭端，你不在了，我去找誰？」

戒緣師叔呵呵笑了起來，為這個孩子的純真而欣慰。但純真有時候並不見得是好事。現在，他還需要最後開導一次這個後生，才能讓自己徹底放心他一個人的路程。「釋然，你還記得廣緣寺的冬天嗎？下大雪後，山上很冷，即便屋子裡生了火，到了晚上大家也都是蜷作一團取暖。睡覺才是最大的麻煩事。被子往往冰涼，剛鑽進去時就像是一下子把自己扔進了冰窟裡。」

「是呀。」釋然不禁也回憶起在廣緣寺生活的日子，「可是等我們鑽進被窩不久，就會暖和起來。說到底，炕上還是比地上要暖和許多。」釋然的臉上已經掛起了笑容。

「那我來問問你，為什麼剛開始冷，後來就變暖和了呢？到底是人暖和了被子，還是被子暖和了人呢？」戒緣師叔問了一個聽起來很奇怪的問題。

「這個……」釋然低頭思考了一會兒，才回答說，「我覺得，人身體的溫度是固定的，可被子卻是涼的。涼的東西怎麼都無法暖和人的身體，那一定就是人把被子暖熱了。而且棉花比較保暖，所以我們才會覺得被窩裡面特別暖和。」

戒緣師叔點點頭，十分贊同釋然的解釋。「那麼為人處事呢？不應該是一樣的道理嗎！**不論在前路將會遭遇多少險阻，只要你有一顆溫熱的心，不但能暖和了自己，更可以感染他人。**釋然啊，佛祖說的度化，在我理解起來，就是這樣一個意思。」

「師叔，我明白你的意思。可是……」釋然還想要說什麼，但很快他就止住了嘴。他知道，此刻自己再多說什麼也無法挽留戒緣師叔了。既如此，或許真正放開手，該來的來，該去的去，也不失為一場豁達的心態。正如同天上的繁星，偶有隕落，不曾惹人注意，更不會因為某顆星辰的消失而改變了夜空的璀璨。

人生，總會遇到下一步的難題。能攜手走過這一段路，就已經是莫大的緣分了。或許，在下一個路口，還會相遇，亦或者邂逅其他。正是因為有了更多的未知，才讓這一場人生故事變得更加精彩。

「師叔，您放心，我會一直走下去的！」釋然鄭重其事地說。

戒緣師叔最放心不下的是釋然，最放心的一個人卻也是釋然。他從這個後生身上看到了自己當年的執拗和堅強，似乎也同時看到了釋然未來的不可限量。他是如此愛著這個孩子，放手是不忍心，卻也寄託了更大的希望。「釋然，好好走！修行不易！」戒緣師叔最後感慨地說。

夜空依然寧靜，滿天星空成為釋然當天晚上最美好的一場夢。

眞正放開手，該來的來，該去的去，
正是因爲有了更多的**未知**，才讓這一場人生故事變得更加精彩。

練習 51

珍惜緣分，好聚好散

——生活的本真是互相的善緣

每個人都需要一份希望，去迎接生活給的必然幸福。給自己一份希望，也讓心底留下幾許安然。面對即將到來的一切，即使尋不到自我的期待，也要以微笑來迎接一切，才能在獨屬於自我的心田裡，沿著希望灑脫前行，安和且平靜。

釋然從沒有覺得頭頂上的天空曾像今天這麼藍。戒緣師叔解釋說這是秋高氣爽的原因，但釋然更願意主觀地去相信蒼天也會因為人世間的聚散而有了心情上的變化。那一汪能透過人的倒影的藍色，極像是釋然此刻默默獨白的心境，不需要向任何人訴說，一切終歸都有定數。前方，也許未知，但現在卻更灑脫。

「師叔，你何時動身？」釋然問。

戒緣師叔扭頭看了看釋道，只見他正埋首整理行李，彷彿這一趟行程究竟該何去何從根本與他無關一樣。「或許還要再過幾天，阿秀他們一時半會兒也收拾不好。在一個地方住久了，想要再起身上路，會很難。」

釋然也扭頭看了看釋道，他明白戒緣師叔在擔心什麼。現在，真正面臨該何去何從的不是他們二人，而是這位出家不久的新師弟。以釋然現在的修為，很顯然還不足以成為釋道未來修行路上的引領者，釋道也絕對不會跟著他前行。可如果跟著他的師父戒緣師叔上路，釋道這一次就會重新回到自己的村莊。面對物是人非，面對人們的閒言碎語，他是否有足夠的勇氣走進以前的生活？

擺在釋道面前的挑戰，比未知還要可怕。

戒緣師叔叫釋道停下手上的活計。這個徒兒自從收下後，其實並沒有費他這個師父多少心。一來釋道年齡比釋然大很多，生活經歷也更豐富，很多道理不用講太透徹他就能明白；二來這一路上風雨兼程，戒緣師叔也不喜歡空空地絮叨一些大道理。嘴上說出來的話，總比不上實際行動更有效用。再加上釋道本身就不愛表達，師徒間的情分乍看起來還沒有和釋然親密。這也讓戒緣師叔一直覺得有些對不起自己的這位徒兒。現在，面臨一場抉擇，戒緣師叔不得不和釋道敞開心扉暢談。

「徒兒，你過來，為師有話說。」戒緣師叔第一次這麼親切地對釋道說話。

釋道放下正在整理的行李，低著頭默默地在戒緣師叔和釋然的對面盤腿坐了下來，沉默依舊。

「釋道，為師的行程計畫你也都已經知道了，現在我就要和釋然分開了，你自己又是如何打算的呢？」戒緣師叔問。

釋道搖搖頭，呵呵笑了兩下，說：「師父，徒兒沒有任何打算。師父去哪裡，我就跟到哪裡。」

戒緣師叔搖頭否認，說：「釋道，我知道，你不是一個隨波逐流的人。而且，如果你跟隨為師的話，需要面對的困難和挑戰會更多。你，真的願意這樣做嗎？」戒緣師叔的話中充滿了懷疑。

「同時也有希望存在，不是嗎，師父？」誰也沒有料想到釋道會反問這樣的一句話。

戒緣師叔被釋道的詰問難住了。他曾一次次地給人們講到，苦難的背後永遠都有希望，重要的不是我們經歷了多少苦難，而是在歷盡劫難之後還擁有對新生活的期待。迷茫有多少，希望就會存在多少。也許只需要多一點點勇氣鼓舞自己，在一切都化為灰燼的時候，才會有新的力量萌生。

戒緣師叔從來都沒有想到，自己收下的這個徒兒在面對抉擇的時候，會有如此開明的見解。此時，一直藏在他心中的疑慮這才打消。「好啊！你能這樣想，也算是給為師解開了一個心理包袱。」戒緣師叔高興地說。

釋道也微微笑了笑，轉身對釋然說：「釋然師兄，接下來的路釋道我不能陪你走了，你要多照顧好自己。如果有一天你回來了，我和師父一定在新的寺院裡恭候。」

釋然也開心地笑了。人生在世，本來就是有分有合。誰也沒有必要為接下來的分離悲傷，一路上的相遇或者別離的安排。好聚好散，隨喜往來，才是一個修行者應該有的心態。每個人的生活，都不會是一場單獨的旅行，也不會如同白紙般無事無非。**生活的本真，應該是一種互相的善緣，彼此間可以互相傳遞希望，照亮每個人的前方**。希望如影，映於心底。

「那麼，師叔，師弟，既然如此，釋然我明天就繼續上路了。前方還有那麼多的故事在等著我，我可不能蹉跎了這一世好風光。」釋然對自己的前路充滿了希冀。

天空正藍，陽光一點點升起來，照亮了每個人明澈的眼眸。

人生在世，本來就是有分有合。**好聚好散，隨喜往來**，才是一個修行者應該有的心態。

練習52

不要放棄追尋目標
——只要努力去尋找，這一生過得就有意義

依舊是清晨，伴隨著早起的鳥兒，釋然開始了一個人的征程。

臨別前，戒緣師叔送給釋然的最後一句話是，在這一段修行路上，只有自己才是菩薩。所有的妄求都不過是被世事迷了心性，你若能夠撥開雲霧見自性，便得了修行的奧妙。

釋然點頭，把這句話深深地記在心中。他轉身回頭看的時候，只見戒緣師叔突然老淚縱橫。這麼久以來，他從來沒有見過這位老人家掉過一滴眼淚，而今天竟然為自己動了真情。釋然急忙別過頭去，不敢再去看這樣的場景。他怕自己禁不住情感上的衝動而突然改變了決定。原來，相別竟是如此苦楚。

這一程，也是釋然心中永不會磨滅的記憶。

但不管如何，總要收拾起情緒重新上路。雖然沒有了戒緣師叔的指引，雖然沒有了釋道師弟的照顧，釋然相信憑藉自己一個人的力量依舊可以走很遠。至於

究竟會走到何處而落腳，釋然從來沒有考慮過。生平第一次，讓自己去面對未來，釋然一時間也不知道該如何抬腳前行。

路往哪裡延伸，釋然就順其自然地往哪裡走。既然不知道，乾脆也就不去多想，一切聽從天命，相信必定會有某一個結果等在未來。是好是壞都無所謂，重要的是有一個結果值得去期待。

再往前走，過了前面那條小河，就再也看不到剛剛離開的村莊了。釋然原本有些憂傷的情緒也隨著嘩嘩流淌的河水遠去。他蹲下來給自己灌了一杯清涼的河水，也顧不上會不會壞了肚子，先喝個透心涼再說。

當那清澈的液體一點點滲進身體裡時，釋然不覺打了個激靈，如同被什麼東西醍醐灌頂一般。他想起了戒緣師叔和自己最後說的那句話，仔細琢磨，彷彿一切都很明白，但又覺得似乎有哪裡沒有悟透。抬頭看看天，時間尚早，釋然乾脆找了一塊比較乾燥的平地，背靠著石頭打起坐來。

很久沒有參禪了，釋然這一坐，竟忘記了時辰。心中空空，彷彿一切都成了虛無。只有流水潺潺，讓時間也成為一種陪襯。

不知道過了多久，釋然被一陣嘈雜的人聲吵醒過來。他睜開眼才發現，原來是一個喝醉酒的老漢正從橋上經過，他跌跌撞撞，險些掉進河中。好不容易抓緊了橋欄杆，老漢卻又罵罵咧咧，嘴中竟也沒有一句令人順耳的話。

釋然不禁皺眉，剛要起身去制止，隨即轉念一想，這世上的人千千萬萬種，並不是每個人都能按照自己的定義去生活，有些事情隨他去就好。釋然於是又把眼睛閉了起來，假裝沒有看到這一切，繼續參悟自己的禪機。

誰知，他不去招惹這老漢，老漢反倒過來打趣釋然了。

「哎呦，這裡竟然還坐著一個小和尚。閉著眼睛幹什麼哪？是在睡覺，還是在打什麼鬼主意？」老漢帶著醉醺醺的口氣，著實讓人討厭。

釋然緩緩地站起身，念了聲佛號，說：「這位施主，貧僧在這裡打坐參禪，你還是不要打擾我為好。你有你的歸處，我有我的去路，各走各路，皆是緣分。」

誰知聽完了釋然的話，老漢卻哈哈大笑起來。「我說小和尚，沒有看出來你年紀輕輕，說話卻也這麼難懂。是誰教你說這些莫名其妙的話？我來問你，你參禪參什麼呢？你念的佛又在哪裡呢？」

釋然低頭，也不想和這樣無理的人糾纏。他拿起自己的行李就要離開，誰知卻被老漢一把拉住了。他還從來沒有見過這樣一個不講理的人，不但說話粗魯，而且還對出家人動手動腳。釋然再也壓制不住心中火氣，怒斥道：「我說你這老漢，我好好坐我的禪，你好好走你的路，我們互不相干，你何必非要糾纏著我不放？」

沒想到，釋然這看似普普通通的一句話，卻惹出了老漢的一汪眼淚。釋然一時間竟也慌了神。

老漢倒也不需要釋然做什麼，他顧不得地上是不是乾淨，自己背靠著石頭坐了下來，哭訴說：「小師父啊，你可知道，我曾經也有個孩子，如果他還在世的話，差不多也是你這個年紀了。」

釋然聽出了老漢話中的意思，卻也不知道該如何去安慰他，只得默默地在一邊坐下，等老漢把自己的故事說完。

「自從我把孩子弄丟後，老婆一氣之下也遠走他鄉，剩下我一個老漢孤獨終老。活著還有什麼意思！」說完這話，老漢就把自己的頭使勁磕向了石頭。

釋然忙伸手制止了老漢的行為。他勸解對方，說：「老人家，事情已經過去這麼多年了，我知道你一定還放不下。可不論怎麼樣，自己的生活還是要繼續。你把腦袋磕碎在這塊石頭上，也不能彌補心中的遺憾。這樣做又何必呢！你可曾去找過你那丟失的孩子？」

老漢搖了搖頭，對釋然的問題不置可否。

「老人家，你且聽我說。」釋然表現出了難得的耐心，「我也在尋找，尋找我曾經丟失的東西。**或許我這一輩子都找不到結果，但是如果我不去努力，就永遠都是遺憾。我也不求什麼結果，只要我還在努力去尋找，這一生過得就尚有意義。不論是誰，都不應該放棄。**老人家，你可知道，你放棄的不只是自己的親人，更是你自己這一輩子。」

老人抬頭看了看釋然，彷彿在他那尚未成熟的臉龐上看到了自己熟悉的影子。他再也控制不住自己的情緒，一下子把釋然抱在懷中大哭起來。釋然本想掙扎，卻突然從老人家的懷抱中感受到了如父親般的溫暖。他緩緩地放鬆了姿態，任憑這樣的溫情在兩個陌生人之間蔓延開去。

練習
53

做當下覺得應該做的事

——當下的第一個念頭，就是正確答案

也不知道過了多久，老漢緊抱著釋然的雙手才慢慢鬆了下來。或許是酒醒了，他才意識到自己剛才的失態，急忙向釋然道歉認錯。釋然倒也不介意，他微微笑著，不曾告訴老漢自己心中真實的想法。

「小師父，如果你不介意，就請隨老漢我回家去住一宿吧。我一個老人家，晚上孤單的時候連個說話的人都沒有。」老漢說出這句邀請的時候，眼睛中透露出來的神情讓人難以拒絕。

釋然看了看，天色也已經不早，再想想自己今天還粒米未進，於是也就答應了老漢的請求。

一路上，他們二人一前一後，連走路的姿態都有幾分相似。遠遠地從背影看去，一時間恍似分不清楚究竟是誰。

又繞過了幾條小路，終於到了老漢的家。

釋然站住了腳步，放眼瞧去，心中不覺唏噓。這哪裡還是一個家！破茅棚有幾處被風雨掀翻，竹子編織的大門歪歪扭扭地站立在矮柵欄旁邊，像是對這位新到來的客人半拒半迎。院子中也沒有像其他農戶人家養一些雞鴨豬狗，這更讓這所破落的庭院少了許多生氣。

「小師父，我這裡條件簡陋，也邋遢了點，希望你不要太介意。」老漢有些不好意思。

釋然急忙擺手。出家多年來，雖然別的本事沒有練成，但吃苦耐勞的本性釋然還是發揮得相當不錯的。進了屋子簡單分賓主落坐後，釋然就再也閑不下來。他也顧不上老漢的阻攔，徑直到院子打了一盆水，開始給老漢收拾起屋子來。老漢畢竟上了年紀，趕了這一程路，身體也實在疲乏。無奈之下，他只得任由這位小師父自己忙活開了。他自己能做的，便是拿出家中存有的自己平時根本捨不得吃的白麵粉，給釋然做上一碗熱乎乎的麵湯喝。

釋然倒也不客氣，他知道此時再和老人家客氣就是對他這份好心的不敬了。放下手中的活計，他也真的感覺到了肚子餓，坐下來唏哩呼嚕地吃了起來。一直吃到滿頭大汗，看到老人家滿意的笑容，釋然才摸摸肚皮放下了碗筷，也嘿嘿地傻笑起來。

就在這時，釋然瞥見了老人家放在桌上的一張精心保護起來的照片。照片中是一對夫妻和他們尚且年幼的孩子。孩子的天真映襯著父母的滿足，好一張闔家歡的照片！

老人歎了口氣，說：「小師父，這是我對於孩子和妻子最後的記憶了。也正是在拍完這張照片後，我帶著孩子去買糖葫蘆，只一轉身的工夫，他就不見了。已經十幾年了，那一晚上的情景我忘也忘不了。」老人說著，不覺又動了情。

釋然想要說些什麼，眼睛卻落在相片中小孩子的臉頰上。釋然已經不記得自己年幼時的模樣了，大概也有著和這個孩子一樣純真的大眼睛，大概也曾經有一對父母站在自己後面開心地笑著，大概也吃過父親親手遞過來的糖葫蘆……釋然不敢再想下去，過去所有的記憶都已經很難記起，但卻又像是在昨天發生過一樣，任憑他如何努力也揮之不去。也許，老漢丟失的孩子就是……釋然突然在腦海中產生了一個十分驚人的想法。他從老人家的眼神中似乎看到了自己，看到了這兩個完全陌生的人之間的相似點。

釋然把思緒從記憶深處拉了回來。他不敢去想像自己剛才假設的正確性。如果自己真的是老人家丟失的那個孩子，如果他真的是自己的父親，釋然現在根本就沒有準備好如何去面對這一切。他口口聲聲說要去尋找親人，可他卻一點都不記得親人們到底長什麼模樣。那模糊的記憶不足以作為任何認親的憑證，即便釋然現在有著深深的第六感，卻依舊無法把這樣的心事說明白。

「老人家，或許，該放下就放下。」釋然這句話更像是在安慰自己，「等待千年，石頭也會開花。人生或許本來就是這樣，得得失失，你永遠也不會知道下一步究竟是幸運降臨，還是會一腳邁進了泥沼之中。」

「小師父，我不太明白你的意思。」老人家說起話來支支吾吾。

釋然臉上終於重新掛起了笑容，說：「如果你願意，我這個出家人一樣可以照顧你終老的。」

「我哪裡敢承蒙你的照顧。何況，你我非親非故，只不過萍水相逢。」老人像是要拒絕釋然的請求。

釋然也不答話，只是用手在那張老舊的照片上輕輕摩挲了一下，靜靜地放下，靜靜放下所有的心事，靜靜放下這一趟修行路上的所有期待，只待時光靜靜漫延過歲月的印跡，從清晰到泛黃，忘記了曾經的憂傷，以及誰一開始便是明媚的笑容，在成長中逐漸燦爛出一片菩提未來。

修行不止，處處成佛。釋然在心中默默念了一句。

書號：ONFL0153
野人文化
讀者回函卡

書　名 ______________________

姓　名 ______________________ □女 □男　年齡 ______

地　址 ______________________

____

電　話 ______________________ 手機 ______________________

Email ______________________

□同意 □不同意　收到野人文化新書電子報

學　歷 □國中(含以下) □高中職 □大專 □研究所以上

職　業 □生產/製造 □金融/商業 □傳播/廣告 □軍警/公務員
□教育/文化 □旅遊/運輸 □醫療/保健 □仲介/服務
□學生 □自由/家管 □其他

◆你從何處知道此書？
□書店：名稱 ______________ □網路：名稱 ______________
□量販店：名稱 ______________ □其他 ______________

◆你以何種方式購買本書？
□誠品書店 □誠品網路書店 □金石堂書店 □金石堂網路書店
□博客來網路書店 □其他 ______________

◆你的閱讀習慣：
□親子教養 □文學 □翻譯小說 □日文小說 □華文小說 □藝術設計
□人文社科 □自然科學 □商業理財 □宗教哲學 □心理勵志
□休閒生活（旅遊、瘦身、美容、園藝等） □手工藝／DIY □飲食／食譜
□健康養生 □兩性 □圖文書／漫畫 □其他 ______

◆你對本書的評價：（請填代號，1. 非常滿意 2. 滿意 3. 尚可 4. 待改進）
書名 ____ 封面設計 ____ 版面編排 ____ 印刷 ____ 內容 ____
整體評價 ____

◆你對本書的建議：

____

____

____

____

野人文化部落格 http://yeren.pixnet.net/blog
野人文化粉絲專頁 http://www.facebook.com/yerenpublish

廣　告　回　函
板橋郵政管理局登記證
板 橋 廣 字 第 143 號

郵資已付　免貼郵票

野人

23141
新北市新店區民權路108-2號9樓
野人文化股份有限公司 收

請沿線撕下對折寄回

野人

書號：0NFL0153